DE

LA LOI AQUILIA

EN DROIT ROMAIN

ET

DE LA COMPLICITÉ

EN DROIT FRANÇAIS.

~~&~~

THÈSE

PRÉSENTÉE A LA FACULTÉ DE DROIT DE POITIERS

POUR OBTENIR LE GRADE DE DOCTEUR,

ET

SOUTENUE LE SAMEDI 27 MAI 1865, A 2 H. 1/2 DU SOIR,

DANS LA SALLE DES ACTES PUBLICS DE LA FACULTÉ.

Par Gabriel ESPIERRE.

Avocat à Poitiers.

~~&~~

POITIERS,

IMPRIMERIE DE A. DUPRÉ,

RUE DE LA MAIRIE, 10.

—

1865

DE

LA LOI AQUILIA

EN DROIT ROMAIN

ET

DE LA COMPLICITÉ

EN DROIT FRANÇAIS.

~⚬⚬⚬~

THÈSE

PRÉSENTÉE A LA FACULTÉ DE DROIT DE POITIERS

POUR OBTENIR LE GRADE DE DOCTEUR,

ET

SOUTENUE LE SAMEDI 27 MAI 1865, A 2 H. 1|2 DU SOIR,

DANS LA SALLE DES ACTES PUBLICS DE LA FACULTÉ.

Par Gabriel ESPIERRE,

Avocat à Poitiers.

~⚬⚬⚬~

POITIERS,
IMPRIMERIE DE A. DUPRÉ,
RUE DE LA MAIRIE, 10.

—

1865

DE

LA LOI AQUILIA

EN DROIT ROMAIN

ET

DE LA COMPLICITÉ

EN DROIT FRANÇAIS.

~≈≈≈~

THÈSE

PRÉSENTÉE A LA FACULTÉ DE DROIT DE POITIERS

POUR OBTENIR LE GRADE DE DOCTEUR,

ET

SOUTENUE LE SAMEDI 27 MAI 1865, A 2 H. 1|2 DU SOIR,

DANS LA SALLE DES ACTES PUBLICS DE LA FACULTÉ

Par Gabriel ESPIERRE,

Avocat à Poitiers.

~≈≈≈~

POITIERS,
IMPRIMERIE DE A. DUPRÉ,
RUE DE LA MAIRIE, 10.

—

1865

Commission :

Président,	M. BOURBEAU, ✳.
Suffragants,	M. GRELLAUD, ✳, doyen,
	M. Abel PERVINQUIÈRE, ✳.
	M. RAGON,
	M. LEPETIT.

Professeurs.

Vu par le président de l'acte public,
BOURBEAU, ✳.

Vu par le doyen,
H. GRELLAUD, ✳.

Vu par le recteur,
DESROZIERS, (O. ✳).

Ⓒ

A MON PÈRE, A MA MÈRE.

A MON FRÈRE.

DROIT ROMAIN.

DE LA LOI AQUILIA.

La loi Aquilia fut adoptée l'an 468 de Rome, sur la proposition du tribun Aquilius. Elle avait pour but de punir certains faits par lesquels on cause, sans droit, à autrui un préjudice, et de réparer le dommage causé.

Nous aurons à examiner quels sont les faits punissables d'après la loi Aquilia, dans quelles conditions ces faits doivent s'être produits, puis nous rechercherons les personnes auxquelles la loi accorde l'exercice de l'action Aquilienne, et celles contre lesquelles cette action peut être dirigée.

En dernier lieu, nous ferons connaître quelles étaient les conséquences de la loi Aquilia.

CHAPITRE PREMIER.

QUELS SONT LES FAITS QUI TOMBENT SOUS L'APPLICATION DE LA LOI AQUILIA.

Le délit prévu et puni par la loi Aquilia est ce que l'on appelait le *damnum injuria datum*, c'est-à-dire le dommage causé sans droit à autrui. La loi des Douze Tables avait déjà, ainsi que plusieurs autres lois postérieures, puni ce délit.

Sur la proposition du tribun Aquilius, les plébéiens réglementèrent de nouveau cette partie du droit et abrogèrent tout ce qui avait été fait jusque-là. De l'ancien droit, les dispositions de ce plébiscite passèrent dans le droit de Justinien, qui y a consacré un titre dans ses Institutes.

Nous trouvons également au Code, livre III, titre xxxv, plusieurs constitutions des empereurs romains sur cette matière.

Trois espèces de faits illicites sont prévus par la loi Aquilia. Ceux-là seulement peuvent donner lieu à l'action Aquilienne proprement dite, et si des faits analogues, mais ne rentrant pas exactement dans les termes de la loi, viennent à se produire, on sera obligé de recourir aux subterfuges en usage parmi les jurisconsultes romains, c'est-à-dire aux actions utiles, *in factum*, ou fictices.

La loi Aquilia contient trois chefs ou trois dispositions principales, qui définissent rigoureusement les
trois espèces de faits constituant le *damnum injuria
datum.*

I. Le premier chef est ainsi conçu : « Qui servum,
servamve alienum, alienamve, quadrupedem vel pecudem, injuria occiderit, quanti in id eo anno plu-
rimi fuit, tantum œs dare domino, damnas esto. »

Le meurtre d'un esclave est donc, en première
ligne, l'un de ces faits qui permettent d'intenter l'action de la loi Aquilia. Peu imp... e que l'auteur du
délit ait su ou non que la victi...e était esclave ; dans
l'un et l'autre cas, il est soumis à la réparation pénale. Paul décide (loi 45, § 2, lib. 10, *ad Sab.*) que
celui qui a tué un esclave, le croyant libre, est tenu en
vertu de la loi Aquilia.

Au meurtre des esclaves est assimilé le meurtre de
l'un de ces quadrupèdes qui vivent réunis, et qui
forment un troupeau, comme les brebis, les chèvres,
les bœufs, les chevaux, les mulets et les ânes. On se
demandait si les porcs étaient censés bêtes de troupeau. Labéon, dont Ulpien rapporte l'opinion, en la
confirmant, pense qu'ils devaient être regardés
comme tels. Il n'en serait pas de même d'un chien,
et, à plus forte raison, des bêtes féroces, comme des
ours, des lions, des panthères. Les éléphants et les
chameaux, bien que féroces de leur nature, étaient
protégés par le premier chef de la loi, parce qu'ils
rendent les mêmes services que les bêtes de somme.

De quelque manière que la blessure ait été faite, du moment où elle est mortelle, il y a lieu d'appliquer la loi Aquilia ; il n'est pas nécessaire que la mort ait été immédiate; il suffit qu'elle ne puisse pas être attribuée à une autre cause qu'à la blessure. Doit-on, pour apprécier si la blessure est ou non mortelle, prendre en considération l'état plus ou moins maladif de la victime ? Labéon décide que celui qui aurait frappé, même légèrement, un esclave malade, serait passible des peines de la loi Aquilia, s'il est reconnu que le coup porté a provoqué la mort.

II. Le second chef de la loi Aquilia est resté long-temps inconnu. Justinien se contente de dire qu'il est tombé en désuétude. Il y a eu de vives controverses sur la question de savoir quel pouvait être l'objet de cette disposition, dont il ne restait aucune trace. Ce n'est que depuis la récente découverte du manuscrit de Gaïus que l'on a pu raisonner autrement que par hypothèses. L'explication actuellement admise est la suivante : les auteurs de la loi avaient prévu par ce second chef la destruction des droits de créance résultant de l'adstipulation; ils avaient établi une action pour toute la valeur du préjudice contre l'adstipulateur qui aurait libéré le débiteur par acceptilation, et éteint ainsi la créance en fraude du stipulateur. Plus tard, lorsque les adstipulateurs furent devenus inutiles, on n'eut plus à craindre ce genre de dommage, et les peines portées par la loi Aquilia pour cette espèce de délit tombèrent dans l'oubli le plus complet. Nous n'aurons donc plus à revenir sur cette partie de la loi, qui, à l'époque de Justinien, n'avait aucune application.

III. D'après ce qui précède, deux sortes de dommage avaient été prévus : perte entière de certaines choses corporelles, d'une part; de l'autre, perte entière de certaines choses incorporelles. Le troisième chef s'occupe de la perte des objets autres que ceux dont il est parlé dans les deux premiers chefs, ou des lésions et des détériorations du bien d'autrui ; il est ainsi conçu : « Cæterarum rerum præter hominem et pecudem occisos, si quis alteri damnum faxit; quidve usserit, fregerit, ruperit injuria, quanti ea res erit in diebus triginta proximis tantum æs domino dare damnas esto. » Il est important de bien remarquer la valeur de chacun de ces mots, *usserit, fregerit, ruperit,* et de voir, en parcourant rapidement les exemples donnés par les jurisconsultes, de quelle manière on avait commenté la loi romaine, et comment on l'appliquait; car, dans l'ancienne procédure, les mots étaient presque sacramentels. Ainsi celui qui avait porté une torche sur la figure d'un esclave, et qui avait occasionné des brûlures, était soumis à l'action Aquilienne; il en était de même de l'incendiaire, soit qu'il eût brûlé des maisons ou des arbres. Celse leur assimile également celui qui aurait brûlé des abeilles.

Par le mot *fregerit* on entendait celui qui avait brisé les portes d'un édifice ou l'édifice lui-même.

Quant à l'expression *ruperit,* les anciens, nous dit

Ulpien, afin de donner un sens plus général à la loi, l'ont toujours entendue comme s'il y avait eu *corruperit*. Ce dernier mot, beaucoup moins restreint, comprenait et résumait en lui presque tous les faits occasionnant un dommage. Aussi les exemples ne manquent pas, et le titre du Digeste consacré à la loi Aquilia en fournit un grand nombre. Il est quelquefois curieux, en même temps qu'utile, pour bien saisir l'ensemble de la doctrine sur cette question, d'énumérer ces différents faits dommageables punis par le troisième chef. L'existence des chiens, du sanglier, du lion, enfin de tous les animaux qui ne vivent pas en troupeaux, et auxquels ne pouvaient s'appliquer ni le premier ni le second chef, était protégée par le troisième.

De même, la simple blessure faite soit aux animaux, soit aux esclaves, de quelque manière qu'elle ait été produite, donnait lieu à l'action, pourvu, toutefois, que l'esclave ou l'animal eût perdu de son prix, ou que cette blessure eût occasionné des dépenses. Surcharger une bête de somme et lui casser un membre, faire accoucher avant terme une femme en lui donnant un coup de poing, faire avorter une jument en la frappant, ce sont autant de faits dont la réparation peut être exigée. L'empereur Gordien, loi 2, au Code, étend l'action Aquilienne à celui qui a détourné une source. Tout individu qui aura taché ou détérioré des vêtements, jeté du blé dans le fleuve, répandu ou vicié d'une manière quelconque du vin, percé un navire, détruit un acte qui lui était confié, ou tellement abîmé cet acte qu'il est devenu impossible de le lire, coupé des moissons avant leur maturité, devra réparer le dommage causé.

De tous ces exemples il résulte que, toutes les fois que l'on aura soit tué ou blessé ou un esclave ou un animal, soit détruit totalement ou détérioré un objet appartenant à autrui, les préteurs, se trouvant dans les termes de la loi, pourront donner l'action directe de la loi Aquilia. Il peut se trouver bien d'autres faits qui, bien que causant du dommage à autrui, ne rentrent pas dans les expressions légales que nous venons de passer en revue ; alors il y aura lieu d'y suppléer par les actions *in factum*. Qu'un individu mêle à mon blé une substance qui ne détériore pas ce blé, mais dont la séparation soit difficile, ce sera là un dommage dont je pourrai obtenir la réparation à l'aide de l'action *in factum*.

CHAPITRE II.

DES CONDITIONS NÉCESSAIRES POUR QU'IL Y AIT LIEU D'APPLIQUER LA LOI AQUILIA.

Ces conditions se rapportent au premier aussi bien qu'au troisième chef ; elles sont au nombre de trois : il faut qu'il y ait eu dommage réel, que le dommage ait été causé *corpore corpori*, enfin il faut que l'acte ait été fait sans droit.

Il faut qu'il y ait eu dommage réel. — Ainsi, alors même que l'acte commis l'eût été sans droit, si l'objet qui m'appartient n'a pas perdu de valeur, la loi Aquilia est impuissante. Ulpien cite, à l'appui de ce principe, l'exemple suivant : Si un esclave a été castré, et que, par suite de ce fait, il soit devenu plus précieux, ce ne sera point la loi Aquilia que l'on pourra employer contre l'auteur de la castration, mais bien l'action d'injure ou celle résultant de l'édit des Édiles. Il faut, en outre, que le dommage soit appréciable en argent, et que l'on puisse en faire l'évaluation. Ainsi la destruction d'un testament du vivant de l'auteur de ce testament ne cause à celui-ci aucun dommage ; mais cette destruction peut, dans certains cas, nuire à l'héritier ou au légataire, et alors il y aurait lieu à l'action Aquilia. Il y aurait à la fois dommage et injure, si le dépositaire d'un testament en trahissait le contenu.

On a souscrit un billet qui constatait une obligation conditionnelle à mon profit ; un tiers anéantit ce billet avant l'arrivée de la condition : ce fait ne m'est dommageable que si la condition se réalise ; il faudra donc attendre jusqu'à ce moment pour m'accorder l'action.

Il faut que le dommage ait été causé corpore corpori. — Le dommage prévu par la loi est la lésion matérielle d'un corps par la rencontre avec un autre corps. Il faut que l'auteur du dommage ait personnellement agi en frappant avec ses membres ou avec les instruments qu'il tient en main. L'esprit de la loi exige

une relation immédiate entre les deux corps du délinquant et de la victime; quand cette condition
ne se rencontrait pas, c'est-à-dire quand l'auteur du
délit n'avait pas agi personnellement, on avait, comme
dans tous les autres cas qui ne rentraient pas dans
les expressions de la loi, recours à l'action *in factum*.
Celse nous fait observer qu'il faut bien distinguer
entre le cas où l'on a tué directement et le cas où
l'on n'a fait que procurer l'occasion de la mort. Ainsi
celui qui a mis auprès d'un malade du poison à la
place d'un médicament, et celui qui a présenté un
glaive à un homme furieux, ne pourront pas être
atteints par l'action directe, mais bien par l'action
in factum.(Loi 7, § 6.) Si, au lieu d'offrir seulement le
poison, on a fait prendre ce poison, en employant la
force ou la persuasion, soit dans une potion, soit
dans un clystère, soit encore en l'appliquant sur la
peau, on sera puni au moyen de l'action directe.(Loi
9, § 1.) On exprimait l'idée que nous venons de déve-
lopper en disant qu'il fallait que le dommage ait été
causé *corpore corpori*. Toutes les fois que le dommage
était produit *corpori nec corpore*, on recourait à l'action
in factum. Voici quels sont, dans les textes, les nombreux exemples de dommage causé *corpori nec corpore* :
la faim que l'on fait subir à un esclave ou à un troupeau (loi 9, § 2) ; la simple assistance prêtée au délit
par une personne qui n'y participe pas matériellement (loi 11, § 1) ; le fait de pousser une personne
sur une autre (loi 7, § 3) ; le fait d'exciter la rage d'un
animal nuisible, peu importe qu'on le tienne ou non,

malgré les distinctions proposées à cet égard (loi 11, § 5) ; le fait d'effaroucher un cheval de manière à jeter par terre le cavalier ; le fait d'amener un esclave dans un piége pour le faire tuer (loi 9, § 3) ; celui de couper le câble qui retient un navire (loi 29, § 5) ; celui de faire de la fumée, et de mettre ainsi en fuite ou de tuer les abeilles d'autrui (loi 49) ; de rassembler des bœufs dans un lieu étroit, et de les déterminer ainsi à se précipiter les uns sur les autres (loi 53) ; d'entasser du sable contre le mur du voisin, de telle sorte que ce sable détrempé par la pluie détériore le mur et que l'édifice s'écroule (loi 57, *locati*) ; de ne pas boucher un récipient de vin avec assez de soin pour que les fentes ne se forment pas et ne laissent pas échapper le liquide (loi 27) ; d'entretenir un four près le mur du voisin (loi 27, § 10) ; de préposer à la garde d'un four un esclave qui s'endort de telle façon que le feu prend à la ferme ; d'envoyer son troupeau dans les pâturages d'autrui (loi 6, au Code).

Dans toutes ces circonstances et autres identiques, on avait contre l'auteur du délit l'action *in factum ex sententia legis Aquiliæ*. Certains auteurs ont cru qu'il y avait une autre espèce d'action *in factum* résultant de la loi Aquilia : c'était, selon eux, celle qui se donnait lorsque le dommage n'était pas le résultat d'une lésion matérielle, et, pour les distinguer, ils employaient le nom d'action utile, dans le cas de dommage causé *corpori nec corpore*, et réservaient le nom d'action *in factum* pour le dommage causé sans lésion matérielle, contre celui qui, par exemple, récolte des fruits après leur maturité, ou qui fait tomber de la main d'un autre des pièces de monnaie emportées par un voleur. Il faut placer sur la même ligne celui qui, trouvant l'esclave d'autrui attaché au pied d'un arbre, le délie et lui fait prendre la fuite.

Cette distinction entre l'action utile et l'action *in factum* ne repose sur aucun fondement. Les actions, soit *in factum*, soit fictices, avaient toutes pour but d'étendre l'application d'une loi à des cas qui n'étaient pas prévus d'une manière positive, et, à cause de cela, elles avaient reçu le nom d'actions utiles. Les actions fictices avaient conservé plus particulièrement le nom d'actions utiles, ce qui n'empêchait pas, cependant, bien des jurisconsultes d'appliquer cette dernière expression même aux actions *in factum*; aussi voyons-nous, surtout à propos de la loi Aquilia, les deux expressions employées indifféremment.

Il faut que le dommage ait été causé sans droit. — Pour l'application de la loi Aquilia, il faut, non-seulement qu'il y ait eu meurtre, blessure ou dommage, mais encore il faut que le dommage ait été causé contrairement au droit. Tel est, en effet, le sens du mot *injuria* employé dans la loi. Ulpien prend soin de nous avertir qu'il ne faut pas confondre le sens du mot *injuria* dans la loi Aquilia avec le sens du même mot dans les textes qui parlent de l'action d'injures, c'est-à-dire d'outrages. Il nous fait même observer que ces deux actions peuvent quelquefois se trouver en concours, mais qu'alors il y a deux modes d'estimation pour évaluer et fixer l'indemnité à payer.

Que devons-nous donc entendre par dommage causé contrairement au droit? Ce sera, nous dit encore Ulpien, le dommage que nous aurons causé par notre faute, alors même que nous n'aurions pas eu l'intention de nuire, pourvu, toutefois, qu'aucun texte de loi ne nous autorise à agir comme nous l'avons fait.

Il est utile de noter ici la différence extrême qui sépare le délit résultant de la loi Aquilia, et ce que, dans notre législation, on appelle un délit. Chez nous, il n'y a point de délit sans intention de nuire. À Rome, au contraire, le délit, comme nous le voyons, peut consister dans une simple faute. D'après notre droit, l'auteur de la plupart des faits que nous avons passés en revue ne serait tenu que d'une responsabilité civile, en vertu de ce principe que quiconque a causé du dommage à autrui est tenu de le réparer. Dans le droit romain, ces faits étant classés parmi les délits, l'auteur, non-seulement est obligé de réparer le dommage, mais encore, dans certains cas, il est puni au moyen d'une véritable amende, ainsi que nous le verrons lorsque nous traiterons des effets de la loi Aquilia. Une autre différence importante à signaler, c'est que les deux actions résultant de la loi Aquilia, l'une *rei persecutoria*, l'autre *pœnæ persecutoria*, étaient des actions purement privées, et ne pouvaient être exercées que par les victimes du délit.

Demandons-nous maintenant quelle est la nature de la faute Aquilienne. Elle diffère sous deux rapports de celle que nous trouvons en matière de contrat :

1° Dans les contrats, on est en faute par cela seul qu'on ne fait pas tout ce qu'on aurait dû faire ; là, comme dans tous les délits, la faute consiste à faire ce dont on doit s'abstenir.

2° La faute Aquilienne s'apprécie toujours *in abstracto ;* c'est dans ce sens qu'Ulpien l'appelle *levissima ;* dans les contrats, au contraire, il y a différents degrés de faute.

Parcourons avec les jurisconsultes les différents cas dans lesquels se rencontre la faute Aquilienne. Nous dirons avec eux qu'il y a faute :

1° Quand on n'a pas prévu ce que l'on devait prévoir.

Ainsi, un jour de vent, je mets le feu à des buissons qui entourent un champ ; la flamme, poussée par le courant d'air, atteint la moisson : j'aurais dû prévoir cette conséquence. Un ouvrier travaillant sur un échafaudage jette de là un objet dans la rue sans prévenir les passants ; l'un d'eux est atteint : l'ouvrier est coupable, parce qu'il aurait dû prévoir cette circonstance. Un barbier vient sans nécessité raser son client dans le voisinage d'un jeu de paume ; la paume vient le frapper à la main et lui fait blesser sa pratique. Le barbier est soumis à la loi, parce qu'il pouvait facilement éviter ce qui lui est arrivé.

2° Quand le dommage a pour cause le choix d'employés incapables ou malintentionnés.

Un fermier emploie des esclaves à l'exploitation de sa ferme ; ces esclaves causent un dommage : le fermier est tenu vis-à-vis du propriétaire, soit en vertu

de l'action de louage, soit en vertu de l'action Aquilia, au choix du lésé. Si celui-ci opte pour l'action
Aquilia, le fermier peut, en principe, échapper à cette
action en abandonnant en *noxe* l'auteur du dommage ;
mais cette faculté ne lui est accordée que s'il n'a pas
mis de la négligence dans le choix de ses esclaves.
S'il est, en effet, reconnu coupable d'un mauvais
choix, ce seul fait constitue déjà une faute, et alors il
est personnellement tenu des conséquences de cette
faute.

3° Quand le dommage causé a été le résultat d'un
acte illicite.

Poser des lacets, lancer des javelots dans des lieux
où cela est défendu, sont des faits qui engagent la
responsabilité de ceux qui les ont accompli.

4° Quand on a causé du dommage dans une entre-
prise tentée sans avoir les connaissances nécessaires
pour la mener à bonne fin.

Un chirurgien entreprend de soigner un esclave ;
il le blesse ; on aura contre lui soit l'action Aquilienne, soit l'action *ex locato*. Il en serait de même de
celui qui aurait à tort employé un médicament, et de
celui qui aurait abandonné la cure d'un malade (1).
Si l'on donne à un ouvrier une coupe à ciseler, et que,
par son inhabileté, cet ouvrier la casse, il sera tenu
de l'action de dommage. Mais, si la coupe avait des
vices, il sera excusé. Aussi les ouvriers avaient-ils l'habitude de stipuler qu'ils ne feraient pas l'ouvrage à

_____
(1) Dans ce cas, il y avait lieu à l'action utile.

leurs risques et périls. Cette stipulation les déchar-
geait de la conséquence de la loi Aquilia et de l'action *ex locato*. Un individu trop chargé qui tue un
esclave en se débarrassant de son fardeau est responsable en vertu de la loi Aquilia, car il était libre de
ne pas prendre un fardeau aussi lourd ; il en serait
de même de celui qui, tombant sur un esclave, le tue
ou le blesse dans sa chute ; il devait ne pas se charger
autant ou éviter les chemins glissants. Un navire dans
sa course en heurte un autre ; on aura l'action contre
celui par la faute duquel l'accident est arrivé. Une
pierre tombe d'un char et brise quelque chose ; on
pourra poursuivre celui qui a mal arrangé les pierres.
Un conducteur de mules, soit par maladresse, soit
par défaut de force, ne peut pas retenir ses bêtes, et
cause un accident, il sera en faute, et par conséquent
tenu des conséquences de cette faute. Il ne doit point
paraître injuste, dit Ulpien, que la faiblesse soit ici
regardée comme une faute, parce que personne ne
doit se mêler d'un métier qu'il ne connaît pas. Alfénus présente une espèce curieuse dans laquelle il s'a-
gissait de remonter à la source du dommage. Voici
le fait : Deux chariots, attelés de mules, montaient
au Capitole l'un à la suite de l'autre ; les muletiers
qui conduisaient le premier char poussaient le véhi-
cule par derrière pour soulager l'attelage ; à un moment donné, le premier chariot s'arrêta, et les muletiers, qui se trouvaient entre les deux chars, s'étant
brusquement retirés, le premier entraîne l'autre dans
son mouvement de recul, et les deux voitures écrasent

un jeune esclave qui passait. Le maître voulait savoir
sur qui devait peser la responsabilité de l'accident,
tout en la circonscrivant au premier attelage. Si la
charge était raisonnable et que la retraite des muletiers ait été spontanée, ce sont ces derniers qui sont
en faute. Si ce sont les mules qui ont été effrayées et
que les muletiers aient abandonné l'attelage pour ne
pas être écrasés, c'est au propriétaire des mules qu'il
faut s'en prendre : mais la charge était-elle trop
lourde ? ce sont ceux qui ont opéré le chargement
qui doivent être poursuivis (1).

5° Quand on a causé un dommage par une mauvaise administration sans impéritie.

Ainsi un chef d'atelier doit surveiller et corriger ses
apprentis. Ulpien cite l'exemple d'un maître cordon-
nier qui, pour punir un de ses apprentis, lui lança une
forme à la tête et lui creva un œil. D'après le jurisconsulte, il y avait dans ce fait, non pas une simple
correction, mais une violence et un abus d'autorité ;
c'était donc le cas d'agir au moyen de la loi Aquilia.
On n'aurait pas pu employer l'action d'injures, parce
que le coup n'avait pas été porté pour commettre un
outrage, ni l'action *ex locato*, parce que le maître a
le droit de correction ; si l'apprenti, au lieu d'être un
esclave, eût été un enfant libre, on aurait eu l'action
utile.

Tels sont les différents cas dans lesquels, en principe,
on considérait qu'il y avait faute. Certaines circon-

___

(1) Loi 52, § 2.

stances, cependant, pouvaient faire fléchir ces règles générales et rendre excusable celui qui avait commis le dommage caractérisé par la loi Aquilia.

Ces circonstances étaient :

1° Le cas fortuit, qu'il était impossible de prévoir.

Ainsi, plusieurs personnes jouant à la paume, une d'entre elles a poussé un jeune esclave qui voulait ramasser la balle ; l'esclave est tombé et s'est cassé la cuisse ; c'est là un accident qu'il est impossible de prévoir ; il n'y a donc pas lieu à appliquer la loi Aquilia. La loi 57 fournit encore un exemple du même genre.

2° L'absence des facultés mentales.

Un fou n'est pas responsable du dommage qu'il cause. (Loi 5, § 2.)

3° L'âge.

Ni l'*infans* ni l'*infantiæ proximus* ne sont responsables ; mais l'*impubere pubertati proximus* est tenu, en vertu de notre texte, de même qu'il est passible de l'action *furti*.

4° La disposition de la loi qui permet de causer le *damnum*.

Les jurisconsultes romains ont entassé une foule d'exemples pour indiquer les cas dans lesquels une disposition légale permet de causer le *damnum* sans avoir à le réparer. En examinant, les uns après les autres, ces nombreux exemples, on peut les grouper autour de trois faits principaux, qui sont la légitime défense, l'adultère et une lutte permise.

La légitime défense. — Tout individu qui ne peut se

protéger qu'en causant un dommage est innocent.
Toutes les législations, dit Paul, ont permis de repousser la force par la force. Il est permis de tuer le
voleur nocturne, pourvu toutefois que l'on ait auparavant appelé au secours. Autrefois la loi des Douze
Tables permettait de tuer le voleur nocturne sans
avoir préalablement appelé au secours. Cette règle
serait encore applicable, d'après le nouveau droit, s'il
s'agissait de poursuivre l'auteur de l'homicide commis dans ces circonstances, au moyen des *quæstiones*
publicæ; mais, comme la loi Aquilia punit la faute
même la plus légère, il est certain que, dans cette
hypothèse, on pourrait être considéré comme coupable, parce que l'appel du secours eût pu éviter
l'homicide.

Quant au voleur de jour, il faut cette double condition qu'il se serve d'une arme, et que celui qui est attaqué ait appelé au secours. (Loi 4, § 1, Gaïus.) En droit
français, on fait également une distinction entre le
voleur de jour et le voleur de nuit. Ainsi le meurtre,
les blessures et les coups sont simplement excusables,
s'ils ont eu pour but de repousser pendant le jour
l'escalade ou l'effraction des clôtures, murs ou entrée
d'une maison, d'un appartement habité ou de leurs
dépendances. (Art. 322 du Code pénal.) Mais l'homicide commis, les blessures faites ou les coups portés
sont compris dans les cas de légitime défense, s'ils
ont eu pour but de repousser, pendant la nuit, l'escalade ou l'effraction dont il vient d'être parlé. (Article 329.)

Il était hors de doute, à Rome, que l'on pût tuer impunément celui qui attente à notre vie ; mais il n'était pas permis de blesser celui qui s'enfuit avec des objets nous appartenant. Un marchand avait posé, pendant la nuit, sa lanterne sur une pierre qui était dans le chemin devant sa boutique ; un passant emporte la lanterne. Le marchand court après lui, la lui redemande, et le retient lorsqu'il veut prendre la fuite. L'autre, pour se débarrasser, commence à le frapper avec un fouet au bout duquel était un fer pointu. La querelle s'étant échauffée, le marchand crève un œil à celui qui lui avait pris sa lanterne. On se demandait si on ne pouvait pas dire que cet homme n'était point coupable, parce que l'autre l'avait frappé le premier avec son fouet. Alfénus répond qu'il n'était point coupable, s'il avait crevé l'œil de son adversaire sans dessein prémédité, et que le coupable était celui qui, le premier, avait donné des coups de fouet ; mais si le marchand n'avait pas été frappé le premier, et qu'en voulant reprendre sa lanterne il en fût venu aux voies de fait, alors il devait être regardé comme coupable.

Alors même que la défense est légitime, si, dans la lutte, on a blessé un passant, on est tenu des conséquences de la loi Aquilia envers ce tiers innocent, car tout ce que l'on me permet de faire, c'est de me défendre contre celui qui m'attaque.

L'adultère. — Celui qui tuait un esclave pris en flagrant délit d'adultère avec sa femme n'avait rien à craindre, et on ne pouvait intenter contre lui l'action de la loi Aquilia. Ceci résulte de la loi 30 de notre titre. La loi romaine, comme on le voit, consacrait, dans ce cas, le droit de se faire justice soi-même. Notre Code n'a pas cru devoir aller aussi loin, et chez nous il n'est jamais permis, lorsque le mal dont nous pouvons avoir à nous plaindre est accompli, d'exercer nous-même notre vengeance et notre passion contre celui dont nous avons été victime. Néanmoins l'idée romaine qui a fait l'objet de cette disposition légale a passé dans notre droit, en se modifiant et en s'épurant ; le mari qui tue l'amant de sa femme pris en flagrant délit est coupable, seulement il est *excusable*.

Lutte permise. — Si un lutteur, dans un exercice public, en tue un autre, il n'y a point lieu à l'action Aquilia, parce que l'un et l'autre combattent pour montrer leur force et acquérir de la gloire, et non dans le but de se faire du mal. Mais si un lutteur blessait son émule quand il cède et se retire, il y aurait lieu à l'action de la loi Aquilia, de même qui si un lutteur tuait un esclave en s'exerçant avec lui, hors du combat, à moins que le maître ne le lui eût donné pour cet usage. Nous trouvons dans cette exception aux conséquences de la loi Aquilia un signe caractéristique des mœurs de Rome, où les combats des gladiateurs étaient non-seulement permis, mais encore considérés comme un exercice propre à entretenir l'humeur belliqueuse des citoyens. Aussi ne devons-nous pas nous étonner de voir, dans ce cas, le meurtre ou les blessures demeurer impunis. De semblables dispositions légales doivent nécessairement disparaître à mesure que la civilisation progresse, et rien de semblable assurément ne se rencontre chez nous, où l'on va jusqu'à punir le duel comme un délit ou comme un crime.

La contrainte. — Tout dommage causé sous l'empire d'une contrainte à laquelle on n'a pas pu résister n'est pas puni par la loi Aquilia. Ainsi, pour empêcher l'incendie d'une maison de dévorer ma propre demeure, j'abats les constructions environnantes ; il n'y a là aucune faute à me reprocher. Cela n'est cependant vrai qu'autant que j'avais un juste motif de craindre que l'incendie ne gagnât ma maison ; car s'il en était autrement, et si, à la légère, sans danger imminent, je détruis la maison voisine, je serais en faute et, par conséquent, soumis à la réparation du dommage. C'est ainsi que l'on concilie avec la loi 49 de notre titre la loi 7, § 4, *quod vi aut clam.* Labéon nous donne un autre exemple, dans lequel la nécessité de causer le dommage nous affranchit de toute réparation. Des matelots, au milieu d'une tempête, sont obligés de couper les ancres du navire, et ce navire, ballotté par les vents, heurte un autre navire ou détériore des filets de pêcheurs ; aucune réparation ne sera due, pourvu toutefois qu'il soit constaté que les matelots n'avaient pas pu agir autrement qu'ils ne l'ont fait. En principe, toutes les fois que l'on peut écarter le dommage de sa propre chose, en employant des moyens inoffensifs, on est coupable d'en employer d'autres. Il en serait de même si, pouvant avoir recours à l'autorité des magistrats, on a

préféré se faire justice. Ulpien nous dit, en effet,
loi 29, § 1 : « Si vous avez fait couper un balcon ou
» une galerie que j'avais fait avancer sur votre ter-
» rain, même sans aucun droit, j'ai contre vous l'action
» de la loi Aquilia, suivant Proculus, parce que vous
» deviez intenter contre moi l'action que vous aviez
» pour soutenir que ce droit ne m'appartenait pas ; il
» n'est pas juste que je souffre du dommage que vous
» m'avez causé en faisant couper mes poutres. » Il
en est tout autrement, suivant un rescrit de l'empereur Sévère, à l'égard de celui par la maison duquel
on ferait passer un conduit d'eau sans avoir acquis le
droit de servitude ; dans ce cas, l'empereur décide
que le propriétaire a droit d'interrompre le passage de
ce conduit, et cela est juste. Mais il y a cette différence entre ces deux hypothèses que, dans la première, celui qui a fait la galerie saillante a bâti sur
son propre fonds, tandis que, dans la seconde, il s'agit
d'un ouvrage fait sur le fonds d'autrui.

CHAPITRE III.

A QUI COMPÈTE L'ACTION AQUILIENNE.

Le principe, en cette matière, est que l'exercice de
l'action appartient à celui qui a le *dominium* sur l'objet détérioré ou détruit. Ainsi la lésion d'une chose
sans maître ne pourrait donner naissance à cette ac-

tion. Les tombeaux, par exemple, qui n'étaient pas considérés comme une chose pouvant être l'objet d'une propriété privée, n'étaient pas protégés par la loi Aquilia ; mais leur conservation n'en était pas moins garantie par l'action *quod vi aut clam*, qui appartient, non seulement au propriétaire, mais encore à tous ceux qui ont un intérêt à la conservation de la chose (1).

Nous avons dit que l'exercice de l'action appartient au propriétaire de la chose. Il est des cas où, tout en étant propriétaire, on ne détient pas l'objet sur lequel porte le droit de propriété ; néanmoins on peut exercer l'action de la loi Aquilia. Le propriétaire d'un objet loué, donné en gage, mis en dépôt, le maître d'un esclave fugitif, peuvent user de l'action Aquilienne. Alors même que l'on n'aurait qu'une propriété conditionnelle, ce droit seul suffit pour conférer l'action, et l'on est obligé, en remettant à un autre l'objet sur lequel portait ce droit de propriété conditionnelle, de lui remettre en même temps l'indemnité que l'on a pu percevoir.

Les jurisconsultes romains avaient poussé la rigueur du raisonnement jusqu'à prétendre qu'on ne pouvait pas intenter l'action Aquilienne pour un dommage causé sur sa propre personne, parce que, disaient-ils, personne ne peut être considéré comme le maître de son propre corps. N'est-il pas étrange de voir que, dans un pays où on reconnaissait chez un

(1) *Voir* la loi 2, *de sepulchro.*

homme un droit de propriété absolue sur un autre
homme, on refusât de reconnaître ce même droit à
un citoyen sur sa propre personne? C'est là une de ces
inconséquences qui ne peuvent s'expliquer que par
l'abus d'une logique s'attachant plutôt aux mots qu'à
l'esprit d'une loi. Aussi avait-on bientôt reconnu
l'absurdité d'un pareil système, et on avait, dans ce
cas, non pas l'action directe, mais bien l'action utile
de la loi Aquilia.

Les successions vacantes auraient dû rigoureusement être considérées comme n'ayant pas de maîtres;
mais on avait admis une fiction en vertu de laquelle l'hérédité était regardée comme une personnalité continuant la personne du défunt jusqu'au moment où l'héritier faisait adition. Lorsqu'un objet,
faisant partie d'une succession vacante, avait été détruit ou détérioré, la succession, personne morale,
éprouvait un dommage qui pouvait être réparé au
moyen de l'action de la loi Aquilia. Cette action, ainsi
que toutes celles qui faisaient partie de la succession,
passaient sur la tête de l'héritier au moment de l'adition, et ce dernier, à ce moment, pouvait les exercer.
(Loi 43.)

Examinons ce qui se passait en matière de legs
d'une chose détruite ou détériorée, soit avant l'adition de l'hérédité, soit après cette adition. Si la détérioration est survenue avant que l'héritier ait fait
adition, l'hérédité, continuant la personne du défunt,
a acquis l'action Aquilienne, et l'héritier doit alors la
céder au légataire, comme accessoire de la chose

léguée. Si, au lieu d'une simple détérioration de
l'objet légué, il y avait eu destruction entière de cet
objet, le légataire ne pourrait pas réclamer cette ces-
sion de l'action Aquilienne, parce que, pour que le
droit du légataire puisse s'exercer, il faut que l'objet
de ce droit existe au moment de l'adition, et, comme
nous supposons que la chose léguée a été complètement détruite, le légataire ne peut pas prétendre
à l'action Aquilienne, qui n'est que l'accessoire d'un
droit qui n'existe plus. Dans ce cas, l'action restera
dans les mains de l'héritier.

Supposons maintenant qu'un esclave a été tué après
l'adition d'hérédité. Dans cette hypothèse, la loi 13
décidait que l'action Aquilienne appartenait au légataire, pourvu que l'acceptation du legs ait eu lieu
avant la mort de l'esclave. Cette condition, qui résulte
de ces derniers mots de la loi : « *si non post mortem
servi agnovit legatum,* » paraissait aux anciens auteurs
inconciliable avec les principes du droit romain, qui
n'attachaient aucune conséquence à l'acceptation juridique du legs ; aussi s'était-on accordé pour retran-
cher du texte la négation « *non,* » et pour supposer
que le jurisconsulte avait eu en vue le fait de ne pas
répudier le legs, condition qui est en effet nécessaire
pour que la disposition testamentaire reçoive son
effet. C'est ainsi que l'on expliquait la loi jusqu'au
moment où la découverte du manuscrit de Gaïus est
venue restituer au texte la négation qu'on lui avait
enlevée, parce qu'on ne la comprenait pas. Gaïus
nous apprend qu'il y avait dissentiment entre les

Sabiniens et les Proculéiens sur le fait de savoir si la chose léguée *per vindicationem* devenait la propriété du légataire par le fait de l'adition, ou si cet effet ne s'opérait que par l'acceptation du legs. Ce dernier avis, qui était celui des Proculéiens, fut sanctionné par une constitution d'Antonin.

Il nous reste à rechercher à qui appartenait l'action Aquilienne dans le cas de legs faits conjointement. Pour résoudre cette question, il suffit d'appliquer la théorie des legs faits conjointement, et, dans toutes les circonstances où la chose léguée appartiendrait en entier à l'un des colégataires, l'action Aquilienne appartiendra également à ce colégataire.

De tout ce qui précède il résulte que l'action directe de la loi Aquilia ne peut appartenir qu'au propriétaire de la chose détruite ou détériorée. Mais il peut se faire qu'un dommage porte préjudice à d'autres personnes qu'au propriétaire de la chose. Ces personnes, alors, ne se trouvant pas dans les conditions strictement légales, auront recours à l'action utile, qui leur sera certainement accordée. Ainsi on détruit mon aqueduc ; bien que les conduits qui ont été détruits m'appartiennent, les terrains par lesquels ils passent peuvent ne pas m'appartenir ; dans ce cas, le dommage, à proprement parler, n'est pas causé au propriétaire du sol qui, en vertu du principe que l'accessoire suit le principal, possède les conduits. On donnera donc au maître de l'aqueduc l'action utile. Le commodataire, l'usufruitier, le locataire, enfin tous ceux qui possèdent à un titre pré-

caire, auront également recours à l'action utile. Le
créancier gagiste, par exemple, en perdant son gage,
perd quelquefois le seul moyen qui lui restait d'être
payé; c'est ce qui arrive lorsque le débiteur est in-
solvable, ou bien encore lorsque le créancier n'a
qu'une action temporaire. *Primus*, créancier de *Secundus*, laisse périmer l'action qu'il a entre les mains;
l'obligation de *Secundus* devient une obligation naturelle, qui est encore garantie par le gage; si, dans
cette situation, le gage est détruit, *Primus* et *Secundus*
en souffrent l'un et l'autre. Aussi donnera-t-on l'action utile à *Primus*, et à *Secundus* l'action directe,
en sa qualité de propriétaire. On objecte que le tiers
passible de la loi Aquilia devra ainsi deux indemnités pour un même dommage. Voici comment Paul
répond à cette objection : La chose donnée en gage
se trouve, par la destruction, transformée en une
valeur; elle est représentée par une somme d'argent.
Sur cette somme, une partie est due à *Primus*; l'excédant est la propriété de *Secundus*. On peut décomposer
le gage en deux valeurs distinctes: jusqu'à concurrence
de la première valeur, c'est-à-dire du montant de l'o-
bligation garantie, la destruction a fait tort à *Primus*;
quant à la seconde valeur, c'est-à-dire la différence
entre le montant de l'obligation et la valeur du gage,
la destruction n'a nui qu'au propriétaire, à *Secundus*.
Primus devra donc baser le calcul de son indemnité
d'après le chiffre de la première valeur seulement, et
Secundus prendra pour point de départ de la sienne
le chiffre de la seconde; en sorte que les deux indem-

nités réunies ne représentent que la valeur à laquelle aurait eu droit le propriétaire seul, si la chose n'eût pas été donnée en gage.

Nous avons fait observer plus haut que le droit romain se refusait à considérer juridiquement une personne comme propriétaire de son propre corps, et que, dans ce cas, il y avait lieu de recourir à l'action utile. Cette règle recevait son application dans l'exemple suivant : On blesse mon esclave ; je meurs avant d'avoir intenté l'action directe qui m'appartient, et, dans mon testament, j'affranchis l'esclave blessé et je l'institue mon héritier. L'action Aquilienne née sur ma tête lui parvient alors comme faisant partie de ma succession ; il ne lui est cependant pas possible d'agir directement pour un dommage qui lui est personnel ; on lui donnera alors une action utile. Si l'esclave n'avait été institué que pour partie, son cohéritier, ne se trouvant pas dans la même situation, aurait joui pour sa part de l'action directe. C'était là l'opinion d'Acurse. Cujas donnait une autre solution ; il pensait que le cohéritier devait avoir l'action directe en entier, attendu que l'esclave affranchi ne pouvant ici acquérir l'action directe, tout ce qui n'est pas acquis à un des héritiers doit l'être aux autres.

CHAPITRE IV.

CONTRE QUI SE DONNE L'ACTION AQUILIENNE.

L'action Aquilienne ne se donne en principe que

contre celui qui a causé le dommage. Cette règle souffre cependant une exception. On permet d'attaquer, à l'aide de la loi Aquilia, celui qui a donné l'ordre de causer le dommage, pourvu toutefois que celui à qui cet ordre était donné fût obligé d'obéir. Sauf cette exception, tout individu qui cause un dommage est soumis aux dispositions de la loi Aquilia. Un magistrat ne rend pas intact un gage judiciaire, il est responsable ; une femme détériore le bien de son mari, elle lui doit une indemnité ; le copropriétaire d'un esclave tue cet esclave, il est tenu envers l'autre copropriétaire pour la part de ce dernier : le maître d'un esclave serait également tenu envers l'usufruitier, le possesseur de bonne foi de ce même esclave ; mais, dans ces deux cas, il n'y aurait lieu qu'à l'action utile.

Jusqu'ici nous n'avons supposé qu'un seul auteur du dommage. Que se passera-t-il, si plusieurs ont coopéré en même temps à l'acte dommageable ? Point de difficulté dans le cas où l'on peut prouver, par exemple, quel est celui qui a porté le coup à la suite duquel l'esclave est mort. Celui qui a donné le coup mortel est tenu en vertu du premier chef, les autres en vertu du troisième chef. Si cette preuve ne peut pas être faite, tous, dit Julien, seront punis comme si tous avaient porté le coup qui a déterminé la mort, et le payement opéré par l'un ne libérera pas les autres, puisque c'est une action *persecutoria pœnæ* en même temps que *persecutoria rei*.

Si plusieurs personnes ensemble jettent une poutre et écrasent un homme, toutes seront responsables.

L'application de ces principes avait soulevé quelques difficultés, dans le cas où deux personnes différentes avaient commis, sur la même chose, deux délits successifs. Supposons qu'un esclave blessé à mort reçoive une seconde blessure qui le tue immédiatement. Dans cette hypothèse, Julien pensait (loi 51) que les deux délinquants étaient tenus en vertu du premier chef; seulement, d'après lui, le calcul de l'indemnité pouvait, dans certains cas, différer, par exemple si, dans l'intervalle des deux blessures, l'esclave avait été institué héritier. Voici comment Julien motivait cette solution : Il fallait, disait-il, adopter ce parti, ou bien décider que ni l'un ni l'autre n'étaient tenus, ou qu'un seul des deux l'était. Pour les affranchir tous les deux d'une responsabilité quelconque, on aurait pu dire qu'aucun des deux n'a donné la mort à l'esclave : celui-ci, en effet, n'eût pas péri sans la seconde blessure, et il n'eût pas succombé sans la première. Pour appliquer la loi Aquilia à un seul, il eût fallu pouvoir discerner quel était celui qui avait donné la mort, et cela est impossible. Ces deux raisonnements paraissaient à Julien fondés sur la subtilité du droit, et il invoquait contre eux l'utilité pratique : « Multa autem jure civili contra rationem disputandi, pro utilitate communi recepta esse, innumerabilibus rebus probari potest. »

Cette doctrine n'avait pas prévalu. Celse et Ulpien

décidaient bien que les deux délinquants devaient répondre du dommage par eux causé ; mais, d'après
eux, le premier devait en répondre en vertu du troisième chef, et le second en vertu du premier chef.
Cette décision pouvait invoquer aussi à son appui
l'utilité pratique. Du moment que l'esclave a succombé à une seconde blessure, il peut y avoir difficulté à reconnaître l'influence de la première, et c'est
pour trancher cette difficulté que l'on appliquait à
tous deux les dispositions de la loi Aquilia, avec la
distinction que nous venons d'établir plus haut. Dans
la loi 15, § 1, Ulpien, en exprimant son avis sur
cette question, déclare rapporter l'opinion de Julien,
ce qui mettrait ce dernier en contradiction avec lui-
même, car nous avons vu que, dans la loi 51, Julien
décidait que les auteurs successifs devaient tous être
poursuivis en vertu du premier chef. Pour expliquer
cette contradiction, on a prétendu que Julien avait
probablement changé d'avis et s'était rangé du côté de
ses adversaires primitifs. On a également fourni une
autre explication, et l'on a dit : Ulpien, dans la loi
15, prévoit deux hypothèses : 1° celle où l'esclave,
blessé à mort, a péri plutôt à cause d'un accident,
tel qu'un naufrage ou un autre coup ; 2° celle où il
est mort après avoir été affranchi ou aliéné. Dans le
premier cas, dit-il, le délinquant est responsable en
vertu du troisième chef, et, dans le second cas, c'est
en vertu du premier chef qu'il peut être poursuivi ;
seulement Ulpien semble attribuer à Julien la pre-

mière décision comme la seconde, tandis que cette dernière seule lui appartenait.

Qu'arrive-t-il lorsque l'auteur du délit est décédé? Il faut distinguer si ce décès est arrivé avant ou après la *litis contestatio*. Dans le premier cas, l'action ne se transmet pas contre l'héritier pour la portion pénale; mais il en est autrement en ce qui concerne l'indemnité; cette indemnité peut être réclamée à l'héritier, mais seulement dans la limite du profit qu'il a pu en retirer. (Loi 23, § 8.) Lorsque le décès du délinquant a eu lieu après la *litis contestatio*, l'action *legis Aquiliæ* passe, avec toutes ses conséquences, contre les héritiers. (Code, *de delictis*; Digeste, loi 26, *de obligationibus et actionibus*; loi 139, *de regulis juris*.)

CHAPITRE V.

DES CONSÉQUENCES DE LA LOI AQUILIA.

Parmi les conséquences de la loi Aquilia, il en est qui sont communes aux deux chefs de cette loi, et d'autres qui sont spéciales à chacun de ces chefs. Nous rechercherons d'abord celles qui sont communes aux deux chefs. Le but principal de la loi Aquilia est d'indemniser le propriétaire du dommage qui lui a été causé, et de le placer dans la situation où il se serait trouvé si l'objet de son droit de propriété n'avait été ni détruit ni détérioré. Renfermée dans ces limites, l'indemnité Aquilienne n'aurait que les caractères d'une responsabilité civile ; mais nous verrons plus loin que, dans certains cas, le délinquant payait plus que la valeur réelle de l'objet ; cet excédant constituait une véritable pénalité privée, bien différente de ce que l'on appelle chez nous une peine qui n'a pour but que de réparer le préjudice causé à la société tout entière, et qui consiste alors soit dans une peine corporelle, soit dans une amende versée au trésor public. Ces deux éléments de la peine Aquilienne, d'une part la valeur réelle de l'objet, de l'autre un excédant également versé dans les mains de la personne lésée, font que l'action de la loi Aquilia est une action mixte, tenant le milieu entre les actions *rei persecutoriæ* et les actions *pœnæ persecutoriæ*. Néanmoins, bien que quelquefois l'auteur du dommage subisse en réalité une véritable peine, l'action Aquilienne ne fait point partie des actions pénales appelées *quœstiones publicæ*. C'est à tort que certains auteurs ont voulu trouver dans cette loi, d'intérêt purement privé, l'origine et la source de certaines théories pénales qui auraient été transportées dans notre législation.

Quels étaient les éléments que l'on prenait en considération pour fixer l'indemnité à payer? L'intérêt que le propriétaire avait à ne pas être lésé peut s'apprécier d'après deux bases : 1° la valeur intrinsèque de la chose détruite ou sa dépréciation matérielle ; 2° la valeur relative qu'elle avait pour le propriétaire.

—3

La valeur intrinsèque de l'objet sera presque toujours assez facile à déterminer. La valeur relative seule peut donner lieu à quelques difficultés ; aussi les jurisconsultes romains ont-ils apporté à l'appui du principe qu'ils émettent de nombreux exemples, afin de montrer dans quelles limites on devait restreindre la valeur relative d'un objet. Un esclave est tué ; le propriétaire aura droit, non pas seulement à une valeur représentative de la valeur vénale de l'esclave, mais encore à une valeur estimée d'après l'utilité que personnellement il pouvait tirer de cet esclave. Supposons, par exemple, que l'esclave tué dût être abandonné *en noxe* par son propriétaire. L'abandon noxal ne pouvant avoir lieu et devant être remplacé par une indemnité qui sera payée par le maître, ce dernier pourra réclamer au meurtrier de l'esclave le montant de cette indemnité, que lui-même il va être obligé de donner à un tiers. Il en serait de même si l'on tuait un animal qui, par suite de l'action *de pauperie*, eût pu être abandonné en *noxe*. La loi 23, § 1, fournit un autre exemple : J'institue héritier un de mes esclaves avec affranchissement, mais sous condition ; je lui substitue Primus ; puis je meurs et l'esclave est tué avant que la condition dont dépend l'institution se soit réalisée.

L'esclave n'a donc été ni libre ni héritier ; il est mort esclave du testateur ou, si l'on veut, de sa succession qui a souffert de cette mort, et qui, par conséquent, possède l'action Aquilienne. Cette succession, ne pouvant aller à l'esclave, passe à son substitué

Primus, qui recueille ainsi l'action pour son propre compte ; mais, dans le calcul de l'indemnité que poursuivra Primus, il ne faudra faire entrer que la valeur de l'esclave, et non celle de l'hérédité. C'était là l'opinion de Julien. Nératius, au contraire, pensait que l'on ne devait même pas payer au substitué la valeur intrinsèque de l'esclave, parce que si l'esclave avait été héritier, c'est-à-dire s'il n'était pas mort prématurément, aucun dommage n'eût été causé à Primus. On peut même dire que cette mort a été profitable au substitué, puisqu'elle a donné ouverture à la substitution. Il serait donc étrange de réclamer des dommages et intérêts pour un décès qui donne une succession tout entière au plaignant.

Un esclave qui m'a volé au moyen de nombreuses fraudes est tué au moment où je pouvais espérer de lui des aveux qui me fissent découvrir ces moyens frauduleux et qui me permissent de reconnaître au juste ce qui m'a été volé ; on décidait, dans ce cas, que je pourrais intenter l'action pour tout l'intérêt que j'avais à dévoiler les fraudes dont j'avais été la victime.

On tue un esclave faisant partie d'une troupe de comédiens, ou l'un des chevaux d'un attelage assorti ; j'aurai droit, non-seulement à la valeur intrinsèque de l'esclave ou du cheval, mais encore à une indemnité représentant la dépréciation causée soit à la troupe de comédiens, soit à l'attelage.

Dans aucun cas on ne doit tenir compte d'un intérêt présumé ou d'un gain possible. Le pêcheur ou le chasseur n'auront aucune indemnité à réclamer parce que l'on aura détérioré leurs filets ou leurs armes, sous prétexte qu'ils auraient pu prendre du poisson ou tué du gibier.

On me fait un testament en m'imposant l'obligation d'affranchir Stichus; ce dernier est tué avant son affranchissement; je ne pourrai réclamer que la valeur intrinsèque de cet esclave, car il était possible que le testateur changeât d'opinion et refît son testament alors même que j'aurais affranchi Stichus.

Dans aucune circonstance il n'était tenu compte de la valeur d'affection, parce que cette valeur ne peut jamais être fixée d'une manière certaine.

Les deux chefs de la loi Aquilia avaient encore cela de commun que celui qui, étant poursuivi, niait avoir causé le dommage, était condamné au double, si l'on venait à prouver contre lui le fait qu'il déniait. Ce caractère n'était point exclusivement attribué à la loi Aquilia, il appartenait à plusieurs autres actions.

Sur quoi devait porter la dénégation pour qu'il y eût lieu à l'accroissement ou double? Elle doit porter sur la participation personnelle du défendeur au fait dommageable. Si le défendeur nie cette participation, et qu'elle soit prouvée contre lui, il subira une condamnation au double. S'il avoue être l'auteur du délit, le juge n'aura plus à se préoccuper d'une semblable question; il n'y a plus à débattre que le taux de l'indemnité, et la condamnation ne peut dépasser le simple; mais elle atteindra toujours ce chiffre, quand bien même on serait prêt à prouver que l'aveu repose sur une erreur de faits. C'est un caractère commun à

toutes les actions susceptibles d'accroissement au
double par suite de dénégation que l'aveu du défendeur ne puisse être rétracté. La raison en est que
l'aveu ainsi fait est revêtu d'un caractère transaction-
nel, et que son auteur a préféré courir le danger de le
faire que de subir un préjudice plus grand : entre
deux maux il a choisi le moindre. Tout cela, cependant, doit s'entendre de l'hypothèse où le délit a été
commis par quelqu'un ; l'aveu du défendeur n'a nullement pour effet de soustraire le demandeur à la
preuve du fait dommageable lui-même, mais seulement à celle de la participation du défendeur, et une
semblable participation est impossible, si en réalité il
n'y a pas eu de fait dommageable. (Loi 23, § 11 ; loi
24, § 2; loi 4, *de confessis*.)

Nous venons de voir les principes communs aux
deux chefs de la loi Aquilia pour l'évaluation du
dommage. Il y avait d'autres règles spéciales à chacun d'eux; elles concernent l'évaluation rétroactive du
dommage. Ainsi on ne se contentait pas d'évaluer
l'objet au moment où le délit avait été commis, ce qui
eût été plus juste et eût toujours suffi pour indemniser le propriétaire; mais on calculait encore la valeur de l'objet détruit ou détérioré d'après la valeur
que cet objet avait atteint, dans l'année précédant le
délit, s'il s'agissait du premier chef, et dans les trente
jours précédents, s'il s'agissait du second chef. Cette
manière de calculer amenait, comme nous allons le
voir, des résultats aussi injustes que contraires à
l'idée primitive de la loi Aquilia. Ainsi il arrivait que

la victime du dommage recevait une somme quelquefois inférieure, d'autres fois supérieure au préjudice.
Dans ce dernier cas, on considérait l'excédant comme
une pénalité. Il est difficile de donner une raison satisfaisante à l'appui de cette évaluation rétroactive.
Pourquoi remonter à une époque antérieure au délit?
Pourquoi encore cette différence entre le premier et
le second chef?

Le point de départ de l'évaluation rétroactive, c'est
l'époque du délit. Primus a blessé mortellement
mon esclave; mais, avant qu'il ne meure de cette blessure, un tiers survient et l'achève. Primus a-t-il
blessé ou tué mon esclave? S'il ne l'a que blessé, il ne
doit que la plus haute valeur pendant les 30 jours précédents; si l'on considère qu'il l'a tué, il doit la plus
haute valeur atteinte pendant toute l'année précédente. Nous avons vu le désaccord qui existait sur ce
point entre Celse et Julien; il n'est pas besoin d'y
revenir; nous nous contentons de faire remarquer
que l'évaluation rétroactive différera, selon que l'on se
rangera du côté de Julien ou du côté de Celse. Enfin,
dans cette même hypothèse, on peut prétendre que si l'on
poursuit le premier agresseur comme ayant tué, c'est
du moment de la mort de l'esclave, et non du moment
où il a été blessé pour la première fois, qu'il faut faire
partir le délai pour calculer l'indemnité. Ceci peut
avoir une très-grande importance si, comme dans la
loi 51, on suppose une institution d'héritier dans le
temps intermédiaire qui s'est écoulé entre les deux
coups portés.

Les textes qui donnent l'application des principes concernant les deux évaluations rétroactives ne présentent aucune difficulté, sauf un dans lequel se trouve une erreur de rédaction. En effet, le § 3 de la loi 23 s'exprime ainsi : Si un esclave, habile dans la peinture, a perdu le pouce, et en même temps tout moyen d'exercer son art, si cet esclave est en outre tué dans l'année qui a suivi cet accident, il (l'esclave) pourra poursuivre une indemnité égale à la valeur qu'il avait avant la perte du pouce. Il est évident qu'il y a ici une erreur; l'action Aquilienne appartie non à l'esclave, mais à son maître. Aussi Pothier propose-t-il de remplacer dans le texte le mot *eum* par le mot *herum*, qui s'écrivait souvent *erum*.

Toutes les règles que nous venons de poser concernant l'évaluation de l'indemnité seront applicables lorsqu'au lieu d'avoir recours à l'action directe de la loi Aquilia, on sera obligé de se servir des actions utiles. Ces actions ne différaient, en effet, des autres que dans l'*intentio*, la formule ne variant point dans la *condemnatio*.

Il nous reste, pour terminer, à traiter l'une des questions les plus difficiles de ce sujet : c'est celle du concours de l'action Aquilienne avec d'autres actions.

Il arrive souvent que l'action de la loi Aquilia se trouve coexister, au profit de la même personne, avec d'autres actions soit civiles, soit pénales. Quelle est alors l'influence de ce concours sur l'efficacité de chacune d'elles ? Cette question, que nous allons examiner d'une manière spéciale par rapport à la loi Aquilia, existe pour toutes les autres actions, et avait donné lieu, parmi les anciens jurisconsultes, à de nombreuses discussions. Nous ne ferons ici qu'appliquer la théorie générale du concours des actions aux cas qui rentrent dans le cadre de cette thèse.

Lorsque deux actions coexistent, elles ne sauraient exercer l'une sur l'autre aucune influence sans qu'il y ait entre elles un lien de dépendance qui établisse une identité totale ou partielle. En quoi consiste l'identité capable d'exercer cette influence? Les divers rapports qui peuvent établir cette identité entre plusieurs actions sont les suivants : l'origine commune des actions, la similitude de leur nature désignée par un nom commun, l'identité des personnes entre lesquelles elles s'exercent, un objet commun. Par contre, il faudrait dire que la diversité d'origine et du nom des actions, des personnes ou de l'objet, détruit toute identité entre ces actions, et que, dès lors, aucune ne doit avoir d'influence sur l'efficacité de l'autre. Cependant, de tous ces rapports possibles, le quatrième seul, c'est-à-dire l'objet commun, a une influence sur l'exercice de l'une ou de l'autre des actions en concours. La parité ou la diversité d'origine est chose indifférente; le même vol, en effet, engendre une *condictio* et une action pénale, la *furti actio ;* ces deux actions subsistent indépendamment l'une de l'autre. Si, au contraire, un animal a été volé, et ensuite a été tué par le voleur, les actions résultant de

ces deux délits ont une origine entièrement différente ; mais, en ce qui touche la réparation du dommage, l'une est absorbée par l'autre.

Il est également indifférent que deux actions aient
ou n'aient pas le même nom. Une offense est dirigée
contre une femme mariée ; l'action du mari, comme
celle de la femme, s'appelle *actio injuriarum*, et elles
n'en sont pas moins indépendantes. Par contre, le
propriétaire volé a contre le voleur, la *revendicatio*
et la *condictio ;* ces deux actions, bien que portant des
noms différents, ne peuvent s'exercer cumulativement.

Peu importe que les personnes figurant dans plusieurs actions soient ou non les mêmes. En effet,
quand il intervient entre les mêmes personnes,
d'abord un prêt, puis une vente, puis un contrat de
louage, ces actes engendrent entre les mêmes personnes trois actions absolument indépendantes.
Quand, au contraire, deux individus se concertent
pour en tromper un autre, ce dernier a contre chacun de ceux qui l'ont trompé une action en réparation
de la totalité du dommage ; mais l'exercice de l'une
de ces actions empêche l'exercice de l'autre, bien que
les défendeurs soient des personnes distinctes, et que,
par conséquent, les deux actions ne s'exercent pas
entre les mêmes personnes. Cependant la diversité
des personnes, bien qu'indifférente en soi, mérite
une attention particulière, quand elle coïncide avec
l'identité de l'objet.

Reste donc comme seule circonstance décisive et
devant influer sur la question du cumul des actions

la communauté entre plusieurs actions de l'objet juridique ou du but. Cette communauté seule constitue l'identité qui donne à une action de l'influence sur une autre. Le principe très-simple qui trouve ici son application peut se traduire par la formule suivante : La chose que nous avons obtenue en vertu d'une action ne peut pas être réclamée une seconde fois par une action nouvelle.

Ce principe, qui paraît si simple, ne l'était pas pour les Romains. D'abord, dans plusieurs cas, on discutait la question de savoir si les deux actions avaient effectivement un seul et même objet. (L. 18, § 3, *de pec. const.*) Ensuite il y avait, dans l'ancien droit, le principe de la consommation de la procédure, qui avait donné naissance à l'ancienne *exceptio rei in judicium deductæ et rei judicatæ*, et qui se reflétait sur le concours des actions. Ces deux dernières circonstances avaient soulevé de graves controverses. Les compilateurs voulurent effacer toutes traces de la consommation de la procédure, institution abandonnée, et ils ont cherché à faire disparaître des textes les marques des controverses alors existantes, en rejetant certaines parties de la loi, ou en faisant de nombreuses interpolations.

Quoi qu'il en soit de ces discussions, qu'il nous serait difficile aujourd'hui d'approfondir d'une manière complète, il ressort néanmoins de l'ensemble de la jurisprudence romaine que le principe qui régissait le concours des actions était celui-ci : La chose obtenue en vertu d'une action ne peut pas être réclamée une seconde fois par une action nouvelle. Il nous faut maintenant montrer ce principe dans ses différentes applications par rapport à la loi Aquilia.

Tous les cas où cette action se trouve en concours avec d'autres actions peuvent, quant aux résultats, se diviser en trois classes de concours :

1° Concours complet : la seconde action est totalement absorbée par le résultat de la première ;

2° Concours partiel : la seconde action est absorbée par le résultat de la première ;

3° Concours négatif : la seconde action peut être exercée après la première et avoir tous ses effets.

Concours complet. — La règle que la seconde action se trouve ici totalement absorbée par la première est reconnue dans le texte suivant d'Ulpien : « Quotiens » concurrunt plures actiones ejusdem rei nomine una » quis experiri debet. » Supposons donc l'action Aquilienne en concours avec une action résultant d'un contrat ; si l'indemnité que nous devons retirer au moyen de la loi Aquilia n'est pas supérieure à celle que nous aurions obtenue au moyen de l'action résultant du contrat, l'exercice de l'une de ces actions absorbera l'autre.

Concours partiel. — Ici la seconde action peut encore être exercée, mais sauf déduction de la somme reçue. Le principe qui régit cette classe de concours est posé dans le texte suivant de Paul : « Si ex eodem facto duæ competant actiones, postea judicis potius » esse *ut quo plus sit in reliqua actione, id actor ferat :* » si tantumdem aut minus id consequatur. » Ce texte doit subir une modification, de manière à mettre les derniers mots du texte, *id consequatur*, en harmonie avec le sens certain du commencement du texte. Aussi Cujas a-t-il proposé de remplacer le mot *id* par le mot *nil* ou *nihil*. Une autre correction, qui arriverait au même résultat, et qui se rapprocherait davantage du texte, serait de mettre *id non sequatur*.

Dans ce texte, Paul impose comme condition de ce concours partiel, non la communauté de l'objet, mais la communauté d'origine, circonstance qui, comme nous l'avons vu, n'est point décisive. Cette erreur conduit Paul à appliquer le principe non-seulement aux actions ayant le même but, mais encore aux diverses actions pénales ayant la même origine.

Voici maintenant des applications spéciales du principe dégagé de ses difficultés de texte et d'interprétation.

Quand le locataire, le commodataire détruisent ou endommagent la chose qu'ils détiennent, le propriétaire a contre eux les deux actions, soit *ex locato*, soit *ex commodato*, et de plus l'action Aquilienne. Mais comme l'objet principal de l'action *ex locato*, par exemple, est une indemnité, de même que l'action Aquilienne a également pour but une indemnité, le plus souvent il arrivera que, ces deux indemnités étant égales, on se trouvera dans le cas de la première classe de concours, où l'exercice de l'une des actions empêche l'exercice de l'autre. Cependant quelquefois l'action Aquilienne offre plus d'avantage, à cause de l'estimation artificielle qu'elle permet. Si alors l'action résultant du contrat a été d'abord exercée, l'action *legis Aquiliæ* pourra être intentée, mais seulement pour la différence que donne l'estimation artificielle, et qui est réellement une peine.

Plusieurs textes donnent, sur cette question, des décisions qui, si on les prenait à la lettre, sembleraient exclure l'application de notre principe. Ces textes appartiennent à Ulpien (loi 27, § 11, *ad legem Aquiliam ;* loi 13, *de rei vindicatione*) ; à Paul (loi 36, § 2, *de her. pet.;* loi 18, *ad legem Aquiliam ;* loi 50, *pro socio ;* loi 43, *locat.*) ; à Gaïus (loi 18, § 1). On explique ces textes en disant qu'ils parlent du cas le plus ordinaire, celui où l'action Aquilienne et l'action résultant du contrat ont les mêmes effets, l'estimation artificielle ne donnant pas une somme plus forte que celle résultant de l'action du contrat. Cette interprétation est justifiée par d'autres passages de ces mêmes jurisconsultes, où ils font, en termes exprès, l'application de notre principe, et semblent le considérer comme une chose rare et facile à mettre en oubli. Ainsi Ulpien, invoquant l'autorité de Pomponius, dit que, quand le voleur a tué l'esclave volé, le propriétaire peut exercer d'abord la *condictio furtiva*, puis l'action Aquilienne, parce que celle-ci est susceptible d'une estimation plus forte. (Loi 2, § 3, *de privatis delictis.*) Le même jurisconsulte, sur le concours de l'action *commodati* et de l'action Aquilienne, est encore plus formel. D'abord il dit en termes généraux que chacune de ces actions est absorbée par l'autre, puis il ajoute : « On pourrait pré-

» tendre que l'action Aquilienne peut toujours être
» exercée pour la différence, et cela est fondé en rai-
» son. »

Concours négatif. — La règle qui pose le principe
de cette absence de concours est formulée dans le
texte suivant d'Hermogénien (loi 32, *de O. et A.,*
c. XLIV, 7, lib. 2, *juris epitom.*) : « Cum ex uno de-
» licto plures nascuntur actiones, sicut evenit cum
» arbores furtim cœsœ dicuntur, omnibus experiri
» permitti post magnas varietates obtinuit. »

Pour bien comprendre la portée de ce principe, il
faut d'abord remarquer qu'il ne s'appliquait qu'au
cas où les actions en concours ont pour objet des
choses différentes. Cette règle n'était parvenue à
s'établir qu'après de longues controverses, ainsi que
nous l'apprend le texte lui-même. La difficulté qui
avait amené cette diversité d'opinions ne portait point
sur les cas où l'une des actions avait pour but la réparation du dommage, et l'autre l'application d'une
peine ; sur ce point on était généralement d'accord,
et l'on admettait l'exercice intégral des deux actions ;
mais, lorsqu'il s'agissait de savoir si deux actions,
ayant toutes deux pour but l'application d'une peine,
se trouvaient en concours, alors on voit apparaître
la division parmi les jurisconsultes. Modestin, par
exemple, soutenait que l'exercice de l'une de ces
actions excluait l'autre. Paul prétendait que l'on devait ici agir comme on le faisait dans les cas de concours partiel, et il n'admettait la seconde que pour
le *amplius.* Papinien, Ulpien et Hermogénien recon-

naissent qu'il n'y a pas de concours entre les deux
actions et que chacune d'elles doit avoir son effet.
C'est cette opinion qui a prévalu dans le droit de Justinien.

Nous allons maintenant faire l'application de cette
règle au concours de l'action Aquilienne avec d'autres actions pénales.

Ne s'excluent pas l'une par l'autre :

1° L'action Aquilienne et l'action d'injures (loi 15,
§ 46, *de injuriis*; loi 25, même titre) ;

2° L'action Aquilienne et l'action *vi bonorum rapto-
rum* (loi 2, § 26) ;

3° L'action Aquilienne et la *furti actio* (loi 14, § 1,
de prescriptis verbis) ;

4° L'action Aquilienne avec l'action *arborum furtim cæsarum*.

On doit ajouter à la règle générale que nous avons
posée la restriction suivante : quand deux actions
résultant d'un délit ont l'une et l'autre pour objet une
indemnité et une peine, le cumul complet ne s'applique qu'à la peine contenue dans chacune d'elles.
L'indemnité déjà obtenue en vertu de la première ne
peut être réclamée par la seconde action.

Les difficultés qui se sont élevées à l'égard de cette
espèce de concours viennent de la similitude apparente qui existe entre plusieurs actions pénales et plusieurs actions en réparation de dommage, prononçant en même temps une peine, comme la loi Aquilia,
par exemple.

Toutes les fois, en effet, que le concours s'établit

entre des actions purement pénales, le doute n'était
guère possible, parce que ces actions, n'ayant pas le
même but, ne pouvaient pas s'exclure l'une par l'autre.
La question ne pouvait devenir délicate qu'à l'égard
de ces actions pénales mixtes concourant entre elles
ou avec des actions purement pénales. Mais il suffit
de décomposer les peines portées par les actions pénales mixtes pour y trouver deux éléments : d'abord
l'indemnité, ensuite une peine. L'indemnité ne peut,
en aucun cas, être réclamée deux fois; quant à la
peine, rien ne s'oppose à ce qu'elle soit subie plusieurs fois, si le fait commis viole plusieurs lois pénales.

DROIT FRANÇAIS.

DE LA COMPLICITÉ.

La théorie de la complicité, dit M. Faustin Hélie, est l'une des matières les plus épineuses du droit pénal ; aussi, bien que les criminalistes se soient tous attachés à traiter cette question, on n'est pas encore arrivé à trouver un système pénal concordant avec les données de la philosophie. Il n'est pas sans attrait de rechercher, avec le philosophe, les caractères de la complicité, et de voir quelle a été la méthode suivie pour transformer en loi pénale les éléments recueillis par l'étude philosophique.

Dans la première partie de cette thèse nous formulerons ce que nous croyons devoir être la véritable théorie de la complicité.

Dans une seconde partie, nous rechercherons quelle a été à cet égard la pratique chez les Romains et dans notre ancien droit ; nous étudierons le système du Code en commentant les textes, en exposant les questions spéciales et controversées, ainsi que la procédure à suivre en cette matière.

—4

Dans la troisième et dernière partie, nous signalerons les imperfections de notre loi pénale, en indiquant les réformes qui pourraient y être introduites, et en passant sommairement en revue les législations modernes par rapport à la complicité.

———

PREMIÈRE PARTIE.

Pour avoir le sens véritable et rationnel du mot *complicité*, il suffit de remonter à son étymologie latine. Il dérive du mot composé *cum plexus*, qui signifie *lié avec*, et, par un de ces curieux hasards que l'on rencontre quelquefois dans la formation des langues, le même mot *plectere*, qui signifie *lier*, signifie aussi *frapper, punir. Cum plexus* nous apporte donc la double idée d'un homme lié avec un autre et puni avec lui. Le complice est celui qui, étant lié avec un autre pour une action, est également lié dans le châtiment. Telle est la notion que nous fournit l'étude grammaticale du mot *complice*.

En considérant la complicité sous un point de vue général, on voit qu'être complice, *c'est participer à un acte coupable;* je dis coupable, parce qu'il n'y a qu'un acte de cette nature qui puisse tomber sous l'application de la loi pénale, et j'ajoute à un seul acte, car le caractère essentiel de la complicité c'est l'unité de délit et la pluralité des agents ; sans l'unité de délit, en effet, il y aurait, non pas complicité, mais connexité.

La difficulté, au point de vue pénal, est de fixer la part de responsabilité qui revient à chacun des agents et de graduer la peine qui doit leur être infligée.

La question de complicité est une question de participation coupable à un acte également coupable. La première chose à examiner est de rechercher si la participation est coupable, et, pour cela, comme dans toutes les questions pénales, il faut voir si cette participation est imputable à l'agent ; on obtient ce résultat en se demandant s'il y a eu une cause libre et éclairée. Mais il ne suffit pas de savoir quand on pourra imputer à quelqu'un sa participation, il faut s'entendre sur ce qui constitue la culpabilité de la participation ; nous dirons qu'elle consiste en une intention et un acte émanés de personnes différentes et ayant entre eux la relation de cause à effet. La volonté de commettre un crime sans l'exécution, l'exécution sans la volonté, ne peuvent séparément constituer un crime; il faut qu'elles soient réunies, et, de plus, que l'une soit cause de l'autre. Si vous commettez un crime que je préméditais moi-même, sans vous avoir toutefois manifesté mon intention, je serai innocent malgré mes criminels projets ; il faut, pour établir ma culpabilité, prouver que mon intention a été mise en relation avec votre crime par un acte émané de moi, par exemple, par l'ordre que je vous aurais donné. La participation à un acte coupable peut consister soit dans un fait intellectuel, comme l'ordre, soit dans un fait matériel, comme l'aide ou l'assistance. Ces deux espèces de participation intellectuelle ou matérielle peuvent être coupables à des degrés différents, et, par conséquent, doivent entraîner pour l'agent des pénalités différentes. Mais comment assigner à chacun des faits si nombreux de la participation, soit intellectuelle, soit matérielle, un rang fixe et invariable dans l'échelle de la responsabilité ? Quelles divisions adopter ? sur quelles bases certaines asseoir ces divisions ? Ce sont là des difficultés sérieuses, devant lesquelles on a reculé et qui ont arrêté les législateurs. Il est certain que la perfection, en cette matière comme en toute autre, est impossible à atteindre; mais l'esprit peut s'arrêter à certaines divisions rationnelles, et ne pas, comme on l'a fait dans le Code de 1810, mettre tous ces faits d'une culpabilité si différente sur une seule et même ligne. L'idée qui a été souvent adoptée, et qui nous paraît satisfaire le plus l'esprit, est celle qui consiste à distinguer si la participation, soit intellectuelle, soit matérielle, est telle que, sans elle, le crime n'eût pas existé, ou si, au contraire, le crime eût été accompli indépendamment de cette participation. Dans le premier cas, il est évident que la culpabilité est plus forte que dans le second, et ce n'est même pas aller ..op loin que de ranger sur la même ligne ceux qui ont perpétré eux-mêmes le crime et ceux qui ont fourni une telle participation que, sans eux, le crime ne se fût pas commis. Nous les qualifierons de coauteurs, soit intellectuels, soit matériels, pour montrer combien ils se rapprochent, quant à la culpabilité, de ceux qui ont eux-mêmes accompli l'action criminelle ; nous réserverons le mot de *complices* pour ces agents qui ont apporté à la consommation du crime une participation moindre et sans laquelle le crime se fût cependant produit.

Nous avons donc parmi les divers agents d'un fait criminel trois catégories : 1° les auteurs principaux : ce sont ceux qui eux-mêmes ont résolu et commis le crime ; 2° les coauteurs : ce sont ceux sans lesquels le crime n'eût pas été exécuté ; 3° les complices : ce sont ceux qui ont aidé à commettre le crime, mais sans lesquels le crime eût été exécuté.

Aucune difficulté ne peut s'élever pour distinguer l'auteur principal des deux autres catégories d'agents. Rien n'est plus facile non plus que de distinguer le coauteur du complice ; il n'y a qu'à se poser cette question : La participation a-t-elle été ou non nécessaire à la consommation du crime ?

Cette question une fois résolue, il ne reste plus qu'à rechercher, dans chacune des deux catégories, *coauteurs* ou *complices*, ceux qui sont plus ou moins coupables.

Coauteurs. — Entre l'auteur et le coauteur, aucune distinction à faire ; on devra leur appliquer la peine édictée pour le crime commis. Il arrive cependant que, parmi les personnes qui figurent comme coauteurs, les unes sont plus coupables que les autres. Il serait donc nécessaire de faire entre elles des différences dans l'application de la pénalité ; ce sera là le devoir du juge, qui devra apprécier le plus ou moins de culpabilité ; mais la loi est impuissante à édicter, pour chacune de ces nuances, une peine différente.

Nous devons nous demander quels sont les faits qui indiquent une participation tellement forte que, sans eux, le crime ne se fût pas commis. Ces faits, quelque nombreux et quelque variés qu'ils soient, peuvent se grouper autour de trois idées principales.

Ainsi nous considérerons comme coauteurs : 1° ceux qui donnent l'ordre d'exécuter le crime à des personnes qui sont soumises à leur autorité ;

2° Ceux qui donnent mandat de commettre le crime, soit en fournissant des instructions, soit en faisant des dons, des promesses ou des menaces, lorsque, toutefois, de l'ensemble des circonstances il apparaît qu'ils ont été la cause ou l'une des causes de l'action criminelle. Ceux-là, en effet, bien qu'ils n'aient participé au crime que par une influence morale, en ont été la cause déterminante; ils doivent donc en subir les conséquences. La règle que le mandant est un coauteur doit recevoir exception : 1° lorsque la proposition du mandant n'aura pas été agréée ; 2° lorsque le mandat ou le conseil aura été révoqué, pourvu qu'il n'y ait pas eu commencement d'exécution, ou que la révocation ait été portée à la connaissance du mandataire avant le commencement d'exécution ; 3° lorsque le mandataire aura outre-passé les limites du mandat, pourvu que le mandant n'ait pas pu prévoir ces conséquences de son mandat.

3° Ceux qui ont coopéré à l'exécution du crime par un fait immédiat et direct. Pour distinguer, dans cette catégorie d'agents, le coauteur du complice, il faudra examiner si le secours prêté à la consommation du crime était absolument nécessaire, et si le crime ne se serait point accompli sans ce secours.

Complices. — Nous connaissons le procédé à employer

pour distinguer le complice du coauteur. La nature même de ce procédé nous indique que le complice est moins coupable que l'auteur ou que les coauteurs ; par conséquent, la peine devra être moins forte. En effet, le complice a prêté son assistance ; mais, en définitive, sans lui le crime aurait pu s'accomplir ; il est lié à la culpabilité de l'auteur, mais à un degré évidemment inférieur. Ce point ne souffre aucune difficulté, et la raison proclame qu'une peine plus douce doit être édictée contre les complices. Mais entre tous ces agents secondaires d'un même crime il y a des degrés infinis, et là encore nous nous trouvons, comme pour les coauteurs, en présence d'une impossibilité réelle pour classer dans leur ordre de culpabilité des faits aussi multipliés. On conçoit des complices tellement coupables, que le maximun de la peine à leur appliquer ne devra être que d'un degré inférieur à celle des coauteurs. On conçoit également des complicités si vénielles, que le minimum devrait être la plus faible de toutes les peines. Il faudra donc, dans la loi, créer d'abord une pénalité différente pour le coauteur et pour le complice, puis laisser au juge une grande latitude entre le maximum et le minimum du châtiment à infliger au complice.

Quant à fixer à l'avance des catégories distinctes et séparées pour chaque fait de complicité, l'esprit est obligé d'y renoncer. Néanmoins toutes les nuances de la complicité peuvent, comme celles de la *coaction*, se ramener à trois idées générales.

Seront donc complices :

1° Ceux qui provoquent au crime sans employer les dons, promesses ou menaces, en se bornant à approuver, à encourager les auteurs d'un projet criminel ; ceux qui ne donnent aux auteurs de ce projet que des conseils ou qui ne leur adressent que des exhortations tendant à les confirmer dans leur dessein ;

2° Ceux qui ont fourni les armes et les instruments ayant servi à commettre le crime, sans participer à son exécution ;

3° Ceux qui participent à cette exécution d'une manière indirecte, soit en louant sciemment un local pour une association criminelle, soit en faisant un acte quelconque qui a favorisé la perpétration du crime, mais d'une manière accessoire; soit, enfin, en recélant les objets ou les instruments du crime, ou en donnant asile aux malfaiteurs en vertu d'une promesse antérieure, sans toutefois que cette promesse ait été la cause déterminante de l'exécution du délit.

Il y a des faits qui se passent après le crime, et qui en sont la conséquence plutôt que la cause : tels sont les recels des malfaiteurs et des objets volés, sans qu'il y ait eu promesse antérieure et sans que les criminels aient pu raisonnablement compter sur les recéleurs. Dans ce cas, il n'y a pas de complicité à proprement parler ; il y a un délit distinct, pour lequel une pénalité spéciale devra être édictée.

Pour compléter la théorie rationnelle de la complicité, il nous reste à traiter une question importante : c'est celle de savoir quelle devra être, sur le sort des coauteurs ou complices, l'influence des circonstances, soit atténuantes, soit aggravantes, qui rendent l'auteur principal plus ou moins coupable.

A cet égard, la position du coauteur et celle du complice doivent être la même ; mais il y a lieu de distinguer, parmi les circonstances aggravantes ou atténuantes, celles qui prennent leur source dans le fait en lui-même, et celles qui ne proviennent que d'une qualité personnelle à l'auteur principal.

Pour les premières, c'est-à-dire celles qui se lient intimement à la perpétration du crime ou du délit, elles devront réagir sur le coauteur et le complice toutes les fois que ces derniers les auront connues. La responsabilité, en effet, doit être calquée sur la participation ; la participation, sur l'intention ; celle-ci, sur la connaissance. Les agents secondaires ne doivent être punis que de ce qu'ils ont connu. « Est-ce,
» dit M. Demolènes, avoir connaissance d'une action
» que d'en ignorer les plus graves circonstances ?
» Est-ce agir avec connaissance que de participer par
» une telle complicité à un crime, lorsqu'on a la con-
» viction qu'on ne participe qu'à un délit ?... Quand il
» est déclaré que celui qui a fait le guet n'a point agi
» avec connaissance, son action n'est ni crime ni dé-
» lit... Mais, s'il en est ainsi du défaut de connaissance
» qui enlève toute culpabilité à l'action, il en doit
» être nécessairement de même du défaut de con-
» naissance qui atténue la culpabilité. »

Pour les secondes, c'est-à-dire celles qui n'ont leur origine que dans la qualité personnelle à l'auteur, elles ne doivent pas plus réagir sur la condition du complice que remonter de celui-ci à l'auteur principal. Le complice, de même que le coauteur, participe à la culpabilité matérielle du fait, mais il ne peut donr : naissance à la culpabilité accidentelle qui résulte du caractère personnel de l'auteur. Comment peut-on songer à rendre le complice responsable d'une complicité à laquelle il n'a nullement participé? On a fait à cela l'objection suivante : Le viol commis par un père sur sa fille est un crime plus grand que si le viol était commis par une personne étrangère ; donc le complice commet aussi un crime plus grand dans le premier cas que dans le second. Étrange raisonnement! Ce qui fait que le crime de viol commis par un père est un crime plus grand que s'il était commis par un étranger, c'est qu'on suppose que ce père est dénaturé, puisque sa qualité de père ne l'arrête pas au moment de la perpétration du crime, et qu'il oublie alors les devoirs les plus sacrés de la nature. Mais ces sentiments, qui doivent être dans le cœur de tous les pères, on ne peut pas les exiger d'un étranger, et on ne doit, par conséquent, pas tirer contre le complice une cause d'aggravation de ce qu'il ne ressent pas pour une personne qui n'est pas sa fille les sentiments de la paternité.

Ce que nous disons des circonstances aggravantes est également vrai des circonstances atténuantes et des excuses qui, prenant presque toujours leur source dans une qualité personnelle de l'agent, ne devront le plus souvent être appliquées qu'à l'agent chez lequel se trouve cette cause d'excuse ou d'atténuation.

Telle est, en résumé, la théorie philosophique et rationnelle de la complicité, dégagée de toutes les distinctions superflues introduites par les criminalistes soit anciens, soit modernes. Nous verrons que cette théorie est loin d'avoir été appliquée; l'étude du droit romain, celle de l'ancien droit criminel français et, de notre droit actuel, nous révèleront combien on s'est écarté de ces principes qui nous paraissent seuls logiques et équitables.

DEUXIÈME PARTIE.

CHAPITRE PREMIER.

COMPLICITÉ D'APRÈS LE DROIT ROMAIN.

Nous ne rechercherons pas dans les premiers monuments de la législation romaine ce que pouvait être la complicité ; jusqu'au moment où les lois pénales ont été formulées d'une manière précise, la répression, abandonnée au caprice ou au despotisme du maître et du père de famille, n'avait pour se mesurer ni règles ni limites ; elle était toute discrétionnaire. Dans le nouveau droit même, il serait impossible de trouver une théorie complète de la complicité, et ce n'est que par l'étude de quelques lois éparses dans le Digeste que l'on peut se rendre compte des idées romaines à cet égard.

Le texte le plus important, qui résume pour ainsi dire toute la science des jurisconsultes en fait de complicité, est le § 11 du titre premier du livre IV des Instituts. Il est ainsi conçu :

« Interdum quoque, furti tenetur qui ipse furtum non fecit : qualis est cujus ope et consilio furtum factum est. In quo numero est qui tibi nummos excussit ut alius eos raperet, aut tibi obstiterit ut alius rem tuam exciperet, aut oves tuas, vel boves fugaverit ut alius eos acciperet. Et hoc veteres scripserunt de eo qui panno rubro fugavit armentum. Sed si quid eorum per lasciviam, et non data opera, ut furtum admitteretur, factum est, in factum actio dari debet. At ubi ope Mævii Titius furtum fecerit, ambo furti tenentur. Ope et consilio ejus quoque furtum admitti videtur qui scalas forte fenestris supponit; aut ipsas fenestras vel ostium effringit ut alius furtum faceret : quive ferramenta ad effringendum, aut scalas, ut fenestris supponerentur, commodaverit sciens cujus rei gratia commodaverit. Certe qui nullam opem ad furtum faciendum adhibuit, sed tantum consilium dedit, atque hortatus est ad furtum faciendum, non tenetur furti. »

Il résulte de ce texte que plusieurs conditions étaient exigées pour l'existence de la complicité. Il fallait : 1° que la participation ait eu lieu sciemment ; 2° qu'elle ne se fût pas bornée à des conseils et à des instructions, mais qu'elle comprît aide et assistance réelle pour commettre le vol (1).

Il y avait eu une discussion entre les jurisconsultes pour savoir dans quel sens il fallait expliquer ces deux mots : *ope et consilio*, du texte des Institutes. Labéon

---

(1) Plusieurs autres textes viennent à l'appui de cette assertion. Ce sont :

Digeste, livre L, titre 16, frag. 53, § 2, Paul.

Digeste, liv. XLVII, titre 2, frag. 36, *principium*.

Digeste, livre XLVII, frag. 52, § 10, Ulpien.

décidait, et Paul était de son avis, que le conseil sans l'assistance matérielle était insuffisant pour autoriser une poursuite.

De ce dernier principe il semblerait résulter que l'on ne pouvait incriminer que les faits antérieurs ou concomitants au crime, et cependant, il y avait certains faits postérieurs qui étaient l'objet d'un châtiment. C'est ainsi que nous trouvons dans la loi 1, *de recéptatoribus,* livre XLVIII, titre XVI, une punition infligée à celui qui recèle la personne du délinquant, et cette punition est la même que celle prononcée contre le délinquant. Un autre exemple de même nature se présente dans la loi 1 au Code, livre IX, titre XIII, *de raptu virginum*, § 2. Il y a cependant d'autres textes, la loi dernière *de abigeis*, au *Digeste*, par exemple, qui, en prononçant une peine contre les recéleurs, ne les mettent pas sur la même ligne que l'auteur principal. Ces divergences prouvent qu'il n'y avait pas unité parmi les jurisconsultes sur la doctrine de la complicité, et que, selon les cas et surtout la gravité du crime, on mettait ou non sur le même rang l'auteur ou le recéleur.

Il est également un point qui ne ressort pas d'une manière suffisamment évidente des textes : c'est celui de savoir si la simple connaissance d'un crime pouvait, lorsqu'on ne le révélait pas, ou lorsque l'on n'en empêchait pas la perpétration, constituer un fait de complicité. Il paraît à peu près certain cependant que les Romains ne considéraient pas comme complice celui qui avait simplement connaissance d'un crime sans le révéler. Ceux qui ont soutenu l'opinion contraire se sont basés sur une fausse explication du mot *conscius* employé dans la loi *ad legem Juliam majestatis*, au Code, livre IX, titre VIII, fr. 5, § 6. On a voulu prêter à ce mot une étendue qu'il n'avait pas. En droit, ce mot veut dire *complice*, et non pas tout individu qui a seulement connaissance du crime. Ce qui prouve bien que la simple connaissance d'un crime n'entraînait pas la complicité, c'est qu'il y avait certains cas spéciaux où la loi, se fondant sur l'utilité générale, imposait l'obligation de dénoncer le crime dont on avait connaissance. Il est possible, et l'histoire romaine en fournit plusieurs exemples, que certains empereurs aient pu pousser la cruauté et le despotisme jusqu'à faire périr des hommes qui ne dénonçaient pas des crimes de lèse-majesté ; mais c'était là un excès de pouvoir que rien, dans la loi, ne pouvait autoriser. Au surplus, cette doctrine déplorable, que l'on a faussement attribuée au droit romain, a laissé malheureusement dans des législations postérieures des traces qu'il nous sera facile de reconnaître.

La ratification donnée après la perpétration d'un crime constituait-elle, en droit romain, un fait de complicité ? Nous ne le croyons pas, et la loi que l'on invoque (1) pour appuyer l'opinion contraire ne s'applique qu'aux intérêts pécuniaires, à l'action en dédommagement au profit de la partie lésée.

(1) Loi 1, § 1, D. *de vi et de vi armorum.*

Quant au mandat et à l'ordre de commettre un crime, ces faits constituaient certainement la complicité. Des textes nombreux formulent ce principe (1).

Voici quelle était la théorie romaine : dans la pratique, on punissait le complice de la même peine que l'auteur principal ; quelquefois cependant on prononçait une peine moins forte (2).

Les aggravations résultant d'une circonstance personnelle à l'auteur du crime retombaient sur le complice (3).

CHAPITRE II.

COMPLICITÉ DANS L'ANCIEN DROIT FRANÇAIS.

En remontant aux origines les plus anciennes de notre pays, nous trouvons les lois barbares dominant d'abord seules, puis ensuite venant en concurrence avec le droit romain, apporté par les vainqueurs et imposé aux vaincus. Nous venons de voir ce qu'était le droit romain ; quant au système pénal des lois barbares, il se résumait pour ainsi dire en une peine unique, celle du wergeld. Dans un tel système, la com-

---

(1) D., livre xlviii, titre 8, frag. 15, § 1, Ulpien.
  Code, livre ix, titre 2, const. 5 de Gordien.
  D., livre xlvii, titre 10, frag. 2, § 3, Ulpien.
(2) Code, loi unique, *De Nili agger. non rump.* (9, 38).
  Code, loi unique, § 2 *de raptu virginum* (9, 13).
(3) Livre xlviii, titre 9, frag. 6 et 7, Ulpien.

plicité se confond avec le crime principal, et le législateur se contente de tarifer l'action nuisible dont l'offensé veut obtenir justice. Dans certains cas cependant, les lois barbares admettaient une sorte de complicité. On en trouve quelques exemples dans la loi des Visigoths. L'une des dispositions de cette loi, en effet, condamne celle qui a été chercher un breuvage devant procurer l'avortement à deux cents coups, si c'est une esclave, et à l'esclavage, si c'est une femme libre. Une autre disposition porte que, si le mari a ordonné ou permis le crime, il sera puni de la même peine que la mère qui aura tué son enfant : la peine, dans ce cas, était la mort ou la privation de la vue, au choix du juge.

Dans les Capitulaires de Charlemagne, la complicité n'est soumise à aucune règle générale, à aucun principe fondamental ; jusqu'au xie siècle, il n'a existé, à proprement parler, aucun Code de lois. Les actes de ce temps, que l'on décore d'un pareil nom, étaient de simples règlements faits par des souverains ou des seigneurs pour l'usage de leurs domaines particuliers. La seule loi réellement reconnue et appliquée était la volonté des seigneurs qui, entourés de leurs vassaux, rendaient la justice. L'uniformité de plusieurs des sentences ainsi rendues forma ce que l'on appelle le droit coutumier. A cette époque, où la féodalité était toute-puissante, il n'y avait guère que deux crimes prévus et punis : le meurtre et la trahison. Toute l'instruction criminelle se bornait à poser les règles du duel judiciaire. Le premier essai sérieux de lois écri-

les a été fait par saint Louis, et quand il arrive à la
complicité, il s'inspire des principes du droit romain.
Le complice y est puni des mêmes peines que l'auteur
principal ; quelquefois même il est puni plus sévèrement. C'est ainsi que nous lisons dans le chap. 32
des Établissements : « Fames qui sont avec meurtriers
» et avec larrons, et les consentent, si sont à ardoir. »
La peine des larrons était d'être pendus, et nous
voyons ici que les femmes leurs complices étaient
brûlées.

Beaumanoir, bailli de Clermont en 1273, donne
en ces termes ses idées sur la complicité (1).

« Cil qui tient le coze emblée a essient et set qu'elle
» fut emblée, et cil qui le porcace à embler, et cil par
» qui conseil elle est emblée, et par quel consente-
» ment, et cil qui partist a le coze emblée, tout ne fust·
» il pas au larrecin fere ; tous cil sunt coupable du
» larrecin, aussi bien comme s'ils eussent esté, et
» doivent être justicié par le fet quand ils en sunt
» ataint. »

Plus loin Beaumanoir, se raillant de la brutalité
de la justice de son temps, raconte comment un pèlerin, étant venu s'asseoir dans une taverne en compagnie de voleurs qu'il ne connaissait pas, fut pris avec
eux et pendu comme eux, car l'on ne voulut pas croire
qu'il ne fût pas de la compagnie, « qu'il ne fut pas
» complice et encore le pire pour ce qu'il faisait le

(1) Beaumanoir, chap. xxxi.

» pèlerin ; » d'où Beaumanoir tire la conclusion fort
sage :

« Qu'en cette aventure on peut prendre deux exem-
» ples : l'un que la justice qui prend plante de gens
» pour soupçon de meffet, devrait savoir le meffet
» de chacun avant qu'il soit justicié : l'autre que l'on
» se garde d'entrer en mauvaise compagnie, tant soit
» ce que l'on ne pense si bien non, pour les peines
» qui peuvent en venir. »

Les lois pénales et les juges du XIIIe siècle étaient,
d'après le témoignage de Beaumanoir, fort peu avan-
cées en ce qui concerne la complicité. A cette époque,
partout régnait la coutume avec ses contradictions, ses
incertitudes, ses bizarreries. Néanmoins, le caractère
général de toutes les coutumes, c'était l'assimilation
du complice à l'auteur. Cette idée a toujours dominé
dans notre droit.

Au-dessus des justices seigneuriales s'est élevé peu
à peu le pouvoir royal, se consolidant chaque jour de
plus en plus. Le roi, grand justicier du royaume, en
même temps que législateur, rend des édits. Dans ces
édits, nous retrouvons la complicité avec les mêmes
caractères que dans les coutumes ; mais il s'y est in-
troduit une sévérité et une rigueur plus grandes. De
même qu'à Rome nous avons vu les empereurs, s'éle-
vant au-dessus des lois, créer le crime de lèse-majesté et punir la non-révélation de ce crime, de même,
en France, nous voyons les rois, au fur et à mesure
que leur pouvoir devient plus absolu, poursuivre par

des peines les plus sévères ceux qui se sont rendus
coupables du crime de lèse-majesté, et, comme complices, ceux qui ont eu connaissance de ces crimes
sans les révéler.

Le plus soupçonneux de tous les rois absolus,
je veux dire Louis XI, rendit à ce sujet, en 1477, un
édit contre la non-révélation des crimes de lèse-
majesté. Pendant longtemps, cet édit fut appliqué
avec toute la sévérité de l'ancienne procédure et avec
les tortures de la question. Dans toute cette période,
qui s'étend entre le xive siècle et le xviie, les lois
pénales deviennent très-rigoureuses pour tous les
crimes. On sent le besoin de fonder l'ordre, et, pour
cela, il fallait faire respecter les lois par la sévérité
du châtiment. Les ordonnances royales concernant la
complicité se ressentent de cet état des esprits. D'après
une ordonnance rendue en 1525 par François Ier,
ceux qui fournissent aux prisonniers des ferrements
ou autres instruments à l'aide desquels ils font quelque démolition pour s'échapper, doivent être punis
de la même manière que s'ils avaient eux-mêmes
brisé les prisons ou enlevé les accusés d'entre les
mains de la justice.

En 1559, François II publiait une ordonnance
portant que les parents seront tenus de livrer leurs
parents condamnés qui chercheraient un asile dans
leurs maisons, sous peine d'être considérés comme
complices.

Le chancelier l'Hospital, effrayé du désordre qui
régnait partout et des crimes qui se commettaient

journellement, ordonnait aux bourgeois de veiller eux-mêmes à la sûreté publique, de tendre les chaînes dans les rues, de s'emparer des malfaiteurs et des criminels, de les tuer ou de les livrer aux mains de la justice, « sur peine d'en respondre comme complices, faulteurs, et adherans en leurs propres et privez noms, envers ceux qui auront receu l'offence, l'injure et l'outraige. »

Il n'entre pas dans le cadre de ce travail de faire une étude approfondie des édits et ordonnances touchant de près ou de loin à la complicité. Ce qu'il y a d'important à constater, c'est la pensée qui domine toute cette législation, pensée de dureté et de barbarie. Nulle distinction entre l'auteur et le complice; la même peine pour les uns et les autres, peine appliquée sans se préoccuper du degré de culpabilité, et ne faisant d'autres distinctions que celles entre nobles et serfs.

Aucun progrès ne se manifeste sous Louis XIII. On applique encore l'édit rigoureux de Louis XI, et l'infortuné de Thou est poursuivi du chef de complicité dans un complot auquel il n'avait pris aucune part. L'arrêt de mort rendu contre lui porte : « pour avoir eu connaissance et participation desdites conspirations. » « De Thou, dit Voltaire, n'était coupable ni devant Dieu ni devant les hommes. » Et cependant la loi en vertu de laquelle il a été condamné a subsisté même pendant le siècle éclairé de Louis XIV, et il a fallu non-seulement les protestations des philosophes du xviie siècle, mais encore la révolution de

1789 pour extirper de nos codes ce principe aussi injuste qu'immoral.

Dans le xvii° siècle, quelques publicistes apparais-
sent : avec eux, la théorie de la complicité s'épure ;
dans la pratique, les jurisconsultes formulent d'une
manière plus précise les divers cas de complicité.
Grotius, comprenant dans une même réprobation des
actes nombreux et d'une nature très-diverse, s'exprime
ainsi : « Ceux qui commandent une action mauvaise,
» ceux qui y consentent, lorsque leur consentement
» était nécessaire pour la commettre ; ceux qui four-
» nissent quelque secours à l'auteur de l'action, ou
» qui lui donnent retraite, ou qui ont part au crime
» de quelque autre manière ; ceux qui conseillent le
» crime, ceux qui le louent, ou qui flattent la per-
» sonne qu'ils voient tentée de le commettre ; ceux
» qui, pouvant et devant l'empêcher en vertu d'une
» obligation, proprement ainsi nommée, ne le font
» pas, ou qui, étant dans une semblable obligation
» de secourir une personne à qui l'on fait du tort,
» la laissent impunément insulter ; ceux qui négli-
» gent de dissuader, comme ils y étaient obligés,
» l'auteur de l'action mauvaise ; ceux qui gardent le
» silence sur un crime qu'ils étaient tenus de révé-
» ler : tous ceux-là peuvent être punis, s'il y a eu
» dans leur fait une malice assez grande pour les
» rendre dignes de punition (1). »

(1) Le Droit de la guerre et de la paix, par Hugues Grotius, livre ii,
chapitre 21, § 3.

Grotius, comme on le voit, appréciait la culpabilité du complice au point de vue de la conscience, et non pas au point de vue de la responsabilité. Bien des faits qu'il énumère ne doivent pas être punis. Le droit social de punir a, en effet, ses limites, devant lesquelles on doit s'arrêter. Grotius, victime des préjugés de son temps, considérait que celui qui, ayant connaissance du crime et pouvant l'empêcher, ne le fait pas, se rend lui-même coupable, parce qu'il est censé avoir consenti à l'action mauvaise qu'il a laissé commettre. Il voit également une complicité criminelle dans le fait de donner retraite aux coupables ; et, à ce propos, il s'élève aux plus hautes considérations du droit des gens touchant l'extradition, considérations qui ont formé la base de la législation moderne en cette partie du droit international.

A côté de Grotius nous trouvons, en France, parmi les légistes, Domat et Jousse.

D'après ce dernier (1), on peut être complice d'un crime de plusieurs manières :

1° En y coopérant et prêtant secours ;

2° En obligeant, persuadant ou engageant de le commettre, soit par ordre, ou conseil, ou mandat;

3° En y adhérant, après qu'il est commis, soit par applaudissement ou par récompense, ou en partageant ou recélant ce qui en provient, tels que des effets volés, ou bien en facilitant l'évasion et la fuite du cou-

(1) Traité de la Justice criminelle de France, par Jousse, tome I, page 20 et suivantes.

pable, ou en lui donnant retraite pour le dérober aux poursuites de la justice;

4° C'est encore participer en quelque sorte à un crime que de ne pas l'empêcher en le révélant, lorsqu'on sait que quelqu'un prend des mesures pour le commettre, surtout lorsqu'il s'agit d'un crime qu'il est intéressant pour l'État de ne pas laisser commettre;

5° On regarde comme complices, en matière d'écrits et libelles, ceux qui les impriment ou qui les vendent ou débitent, ou qui les rendent publics de quelque autre manière que ce soit.

Quant à la coopération au crime, Jousse admettait encore une triple distinction :

Avant le crime, en prêtant les armes, le poison, les ferrements, l'échelle ou autres instruments nécessaires pour le commettre;

En prêtant son cheval, son domestique ou autres personnes pour en faciliter l'exécution;

En offrant sa maison pour y commettre le crime ou à l'effet d'y délibérer sur les mesures nécessaires à son exécution, ou pour y recevoir le coupable;

En s'associant avec celui qui doit commettre le crime, afin d'empêcher que quelqu'un ne le détourne de le mettre à exécution;

En montrant au meurtrier la maison de celui qu'on veut tuer, pour lui faciliter l'exécution du crime;

En retenant celui qu'on doit mettre à mort jusqu'à l'arrivée de celui qui doit le tuer;

En portant des lettres qui contiennent des mesures et des complots touchant le crime;

Et, enfin, en gardant les hardes et bagages de ceux qui doivent le commettre.

Pendant le crime, en donnant du secours et de l'assistance au criminel dans le temps même de l'action, et en l'aidant à le commettre;

En empêchant celui qui est attaqué de se défendre, ou lui ôtant ses armes pour donner plus de facilité à l'agresseur de le tuer;

En le retenant pour l'empêcher de s'enfuir et d'éviter le coup qu'on veut lui porter;

En empêchant et écartant ceux qui veulent venir au secours de celui qu'on attaque;

En tenant l'échelle ou aidant le voleur à monter par-dessus le mur ou à forcer les portes;

En faisant le guet pendant le temps du crime;

Enfin, en assistant le meurtrier par sa présence avec des armes, afin d'intimider la personne attaquée.

Après le crime, en partageant les effets volés; en recélant, cachant chez soi les choses volées; en protégeant le coupable et le cachant dans sa maison; en favorisant sa fuite et empêchant qu'il ne soit arrêté; en l'aidant à enterrer ou cacher le cadavre de la personne homicidée, pour empêcher que le crime ne soit découvert.

Après avoir ainsi donné le résumé de la théorie de la complicité, Jousse examine avec soin plusieurs questions spéciales concernant chacun de ces divers modes de culpabilité. On trouve dans les décisions qu'il donne une connaissance approfondie du droit, et notre législation actuelle a puisé à cette source un grand nombre de ses dispositions pénales.

Quant aux peines, elles étaient, à l'époque de Jousse, fort rigoureuses, et celles du complice ne différaient pas de celles des auteurs principaux, ainsi que nous l'apprend Domat dans son *Legum delectus* (1).

Enfin arrive le XVIII° siècle avec ses philosophes nombreux, qui semblent avoir eu pour mission de lutter contre les anciennes iniquités et de faire prévaloir la justice et le bon sens. « L'extrême sévérité des lois, écrit alors Montesquieu, nuit souvent à leur exécution; » et, plus loin, le même auteur ajoute : « Plus les gouvernements sont animés de l'esprit de la liberté, plus les peines y sont douces. » Dans son livre de l'*Esprit des lois*, il s'exprimait en ces termes sur la loi qui confond le recéleur avec le voleur (2) :

« Les lois grecques et romaines punissaient le recé-
» leur du vol comme le voleur; la loi française fait de
» même. Celles-là étaient raisonnables, celle-ci ne
» l'est pas. Chez les Grecs et les Romains, le voleur
» était condamné à une peine pécuniaire; il fallait
» punir le recéleur de la même peine; car tout
» homme qui contribue, de quelque façon que ce soit,
» à un dommage, est tenu de le réparer. Mais, parmi
» nous, la peine du vol étant capitale, on n'a pu, sans
» outrer les choses, punir le recéleur comme le voleur.
» Celui qui reçoit le vol peut en mille occasions le re-'

(1) Tome II, livre III, titre 7.
(2) De l'Esprit des lois, livre XXXIX, chap. 12.

» cevoir innocemment. Celui qui vole est toujours
» coupable ; l'un empêche la conviction d'un crime
» déjà commis, l'autre commet ce crime : tout est
» passif dans l'un, il y a une action dans l'autre.
» Il faut que le voleur surmonte plus d'obstacles,
» et que son âme se raidisse plus longtemps contre
» les lois. Les jurisconsultes ont été plus loin :
» ils ont regardé le recéleur comme plus odieux que
» le voleur ; car, sans lui, disent-ils, le vol ne pour-
» rait être caché longtemps. Cela, encore une fois,
» pouvait être bon quand la peine était pécuniaire ;
» il s'agissait d'un dommage, et le recéleur était ordi-
» nairement plus en état de le réparer; mais, la peine
» devenue capitale, il aurait fallu se régler sur d'au-
» tres principes. »

Filanghieri, de son côté, flétrit cette législation
odieuse qui, depuis l'édit de Louis XI, n'avait pas
cessé d'être appliquée. « Quelle foule de lois ab-
» surdes, dit-il, on découvrira lorsqu'on ne voudra
» consulter que les simples lumières du bon sens !
» Soumettons pour un moment à la discussion la loi,
» établie presque dans toute l'Europe, qui déclare
» coupable de haute trahison celui qui, ayant con-
» naissance d'une conspiration, n'en a pas averti le
» gouvernement, quoiqu'il ait tenté tous les moyens
» possibles de la prévenir. — Le premier principe
» qu'établit la raison, c'est que la loi ne doit jamais
» être directement contraire à l'opinion publique. Si
» cette opinion est absurde, le législateur doit la rec-
» tifier. Un second principe, aussi certain que le

» premier, c'est que, si la loi peut trouver hors d'elle-
» même un obstacle au mal, elle ne doit point dé-
» truire cet obstacle. Le troisième principe, enfin, est
» qu'il ne faut pas préférer un remède qui prévien-
» dra le mal dans un seul cas à celui qui le prévien-
» dra dans un grand nombre de circonstances (1). »

Un autre publiciste, Beccaria, fait faire à la science
théorique de la complicité un pas de plus; il blâme
les lois qui ne mettent entre les complices et les auteurs du crime aucune différence, et, l'un des premiers, il pose le principe de la *distinction*, seule base
sur laquelle on puisse asseoir des dispositions pénales
justes et vraiment efficaces.

« Lorsque plusieurs hommes, dit-il, s'unissent
» pour affronter un péril commun, plus le danger
» sera grand, plus ils chercheront à le rendre égal
» pour tous. Si les lois punissent plus sévèrement les
» exécuteurs du crime que les simples complices, il
» sera plus difficile à ceux qui méditent un attentat de
» trouver parmi eux un homme qui veuille l'exécuter,
» parce que son risque sera plus grand, en raison de
» la différence des peines (2). »

Plus loin, Beccaria s'élève avec ardeur contre cette
complicité résultant de la non-révélation, et surtout
contre cette habitude dangereuse où étaient les juges
de promettre l'impunité à ceux qui révèleraient leur
complice.

(1) Filanghieri, Commentaire sur la législation pénale, tome III,
p. 205.
(2) Beccaria, Des délits et des peines, chap. 14.

L'esprit philosophique, on le voit, découvrait les nombreuses imperfections de la loi pénale ; il les signalait à l'attention des législateurs. Nous trouverons dans la loi actuelle plusieurs améliorations importantes ; mais nous verrons en même temps que toutes les réformes nécessaires sont loin d'avoir été accomplies.

CHAPITRE III.

DE LA COMPLICITÉ D'APRÈS LES LOIS ACTUELLES.

§ 1 (art. 59). Nous avons à examiner quelle est la législation actuelle en matière de complicité ; elle remonte à 1810. En 1791, on avait déjà promulgué un Code pénal ; nous nous contenterons de signaler, au fur et à mesure qu'elles se présenteront, les différences qui existent entre ces deux Codes par rapport à la complicité.

La théorie générale de la loi en cette matière est contenue dans les articles 59, 60, 61, 62 et 63.

Les législateurs commencent, dans le premier de ces articles, à fixer la peine à appliquer au complice, puis ils énumèrent, dans les suivants, les cas de complicité. Il eût été plus logique, selon nous, de définir et de préciser d'abord ce qu'était la complicité, puis d'édicter ensuite la peine des complices. Quoi qu'il en soit, nous suivrons l'ordre du Code dans le commentaire que nous avons à en faire.

L'art. 59 est ainsi conçu :

« Les complices d'un crime ou d'un délit seront punis de la même peine que les auteurs mêmes de ce crime ou de ce délit, sauf les cas où la loi en aurait disposé autrement. »

Cette disposition ne diffère de celle de 1791 que par ces derniers mots : « sauf le cas où la loi en aurait disposé autrement, » exception dont nous aurons plus tard à examiner la portée, et par l'extension aux délits correctionnels du principe qui ne s'appliquait d'abord qu'aux crimes.

Pris à la lettre, les termes de cet article auraient un sens tout différent de celui qui était dans l'esprit des législateurs. On ne doit point entendre la règle émise, en ce sens que, dans tous les cas, les complices et l'auteur principal devront être soumis au même nombre d'années d'emprisonnement, de reclusion ou de travaux forcés ; ce que l'on a voulu dire, c'est que, dans le cas où la peine des travaux forcés, par exemple, doit être appliquée à l'auteur principal, ce sera également cette peine que l'on appliquera aux complices, mais en permettant aux magistrats de tenir compte des motifs personnels d'atténuation ou d'aggravation qui n'auraient pour fondements que la moralité, l'âge ou les antécédents judiciaires soit du complice, soit de l'auteur principal. On peut, par conséquent, se mouvoir entre le minimum et le maximum, accorder à l'un les circonstances atténuantes que l'on refuse à l'autre. En principe, la peine est, pour le complice comme pour l'auteur principal, celle dont la loi a puni le crime ou le délit ; mais cette peine peut s'aggraver ou s'amoindrir en raison de considérations spéciales à chaque coupable. C'est, comme on le voit, le principe de l'assimilation dans toute sa rigueur, n'ayant pour tempérament que l'application des circonstances atténuantes et la latitude plus ou moins grande donnée aux juges entre le maximum et le minimum.

Plusieurs propositions juridiques dérivent des termes de l'article 59, et toutes ont des conséquences pratiques de la plus haute importance :

I. La disposition de l'art. 59 est inapplicable aux contraventions de simple police, à moins qu'il n'en soit autrement ordonné par une disposition formelle de la loi.

Cette règle repose sur les termes précis de notre article, qui ne déclare punissable comme l'auteur même de l'infraction que les complices des crimes ou des délits. Les contraventions de simple police n'étant pas mentionnées dans la loi, les complices de ces contraventions ne peuvent devenir punissables que si un texte positif les assimile à l'auteur même de la contravention, comme le fait, par exemple, l'art. 479, n° 8, du Code pénal, pour les complices de tapages injurieux ou nocturnes.

La jurisprudence n'a jamais hésité à appliquer ces principes aux contraventions de simple police. En est-il de même des contraventions spéciales punies de peines correctionnelles ? Selon nous, l'art. 59 ne devra pas s'appliquer aux faits qui ne présentent que le

caractère de la contravention, et qui ne diffèrent des
contraventions de simple police que par l'élévation de
la peine qui les réprime. La contravention se recon-
naîtra surtout à ce caractère distinctif que, pour constituer son existence, il suffit que la disposition légale
ait été enfreinte, sans qu'il soit possible au délinquant, comme en matière de crime ou de délit, d'invoquer pour excuse l'intention, l'erreur, l'ignorance
ou la bonne foi ; les peines édictées par la loi sont
encourues par cela seul que l'existence du fait de la
contravention est prouvée : telles sont, par exemple,
les contraventions à la loi sur la chasse de 1844 ; il
a été reconnu par plusieurs arrêts que les faits de
chasse ne constituaient que des contraventions, malgré la qualification de délits donnée par la loi ; aussi
nous inclinons à penser que l'art. 59 ne doit pas s'appliquer au complice d'un délit de chasse. La Cour de
cassation, dans un arrêt du 6 décembre 1839, a décidé le contraire ; elle s'est fondée sur ce que la loi
de 1844 ayant qualifié de délits les faits de chasse,
ces faits tombaient sous l'application de l'art. 59.
Cette doctrine nous paraît attacher trop d'importance
à cette qualification de délit attribuée à des faits qui,
par leur nature, ne sont que des contraventions, ainsi
que cela a été formellement décidé par d'autres arrêts de la Cour suprême.

II. Le fait de complicité se caractérise par le fait
principal, et par conséquent le premier de ces faits
prend ou perd de la gravité, suivant que l'autre en
prend ou en perd.

—6

Il résulté de là que le complice est responsable de toutes les circonstances aggravantes qui accompagnent le fait incriminé. Cette déduction est admise d'une manière générale et par les auteurs et par la jurisprudence, lorsqu'il ne s'agit que de circonstances concomitantes avec le fait principal, telles que les circonstances de nuit, d'effraction, d'escalade, de préméditation. Rien assurément n'est plus juste et plus rationnel, si l'on suppose que le complice a eu connaissance de ces circonstances aggravantes; mais il y a quelque chose de souverainement injuste à faire supporter le poids de cette aggravation à un homme qui, ne connaissant pas ces circonstances, n'a par conséquent pas pu avoir l'idée criminelle de s'y associer, et qui peut-être, s'il les eût connues, n'eût pas prêté les mains au crime. Sous le Code de 1791, on n'exigeait pas non plus que le complice eût eu connaissance des circonstances aggravantes, mais il fallait que le jury fût appelé à statuer sur leur existence par rapport au complice. Tous les arrêts qui ont été rendus sur ce point, depuis cette époque jusqu'à la promulgation des nouveaux codes, exigeaient, conformément aux articles 373 et 374 du Code de brumaire an IV, que la question des circonstances aggravantes fût posée d'une manière spéciale à l'égard des complices (1). Depuis 1810, cet adoucissement même a disparu, et quelque rigoureuse que puisse paraître

(1) Cassation, 17 pluviôse an IX, 18 décembre 1808, 16 messidor an XII, 20 novembre 1840.

cette application de l'art. 59, elle est justifiée par le texte absolu de la loi, et surtout par l'art. 63. Cet article déclare que, par une dérogation spéciale, le complice, dans le seul cas de recélé, ne sera puni que proportionnellement à sa connaissance; voilà l'exception, et c'est la seule qui soit formulée. Le principe, malgré sa sévérité, reste donc dégagé de toute espèce d'incertitude; les rédacteurs du projet de loi eux-mêmes l'ont manifestement mis en lumière, et M. Target s'exprimait ainsi : « Quand la peine serait portée à la plus grande rigueur par l'effet des circonstances aggravantes, il paraît juste que cet accroissement de sévérité frappe tous ceux qui, ayant préparé aidé ou favorisé le crime, se sont soumis à toutes les chances des événements. » La Cour de cassation n'a reculé devant aucune des applications de ce principe (1); elle n'a pas craint d'aller jusqu'aux limites les plus extrêmes. Dans un arrêt du 4 pluviôse an XIII, on peut voir un exemple de cette rigueur : Un amant malheureux avait juré la perte de son rival; il s'ouvrit à un ami de son funeste dessein; l'ami le détourna et parvint à lui faire abandonner son projet. Cependant, alléguant de mauvais traitements, il veut au moins attendre son rival et lui demander une réparation ; il ne peut s'agir que d'une simple correction sans danger sérieux. L'ami veut encore résister, mais, voyant

(1) Arrêts des 25 octobre 1811, 26 décembre 1811, juillet 1812, 22 août 1817, 11 septembre 1828, 8 janvier 1835.

l'éxcès de la passion, il comprend qu'il faut laisser une satisfaction à cette juste colère ; il consent donc à faire le guet et prête un bâton. Mais il fait bien ses conditions, et se fait réitérer la promesse que tout se bornera à une correction insignifiante. Quand les rivaux furent en présence, toute sage résolution s'évanouit, et l'agresseur fondit impétueusement sur son rival; la victime expire bientôt sous les coups. Poursuivi comme meurtrier, le coupable est condamné comme tel, et le même arrêt prononce la même peine contre l'ami qui n'avait fait que prêter le bâton , en faisant les restrictions que nous avons rappelées et qui sont consignées dans l'arrêt. N'est-ce pas là le cas de dire : *Dura lex, sed lex ?*

Cette question des circonstances aggravantes peut se présenter sous un autre point de vue. Que faut-il dire des circonstances aggravantes inhérentes à la personne du coupable, telles que la qualité de fonctionnaire public pour le faux, celle de père ou d'ascendant pour le viol ? En théorie, ainsi que cela a été exposé dans la première partie de cette thèse, les circonstances de cette nature ne devraient avoir aucun effet sur le complice ; mais, si nous raisonnons avec le Code, nous serons bien obligés, malgré nous, de reconnaître que le complice est soumis aux conséquences des aggravations résultant de qualités personnelles à l'auteur principal. Les termes de l'art. 89 sont d'une généralité vraiment désespérante, et, à moins de trouver dans le Code un autre texte à y op-

poser, il faudra appliquer cet article, malgré sa sévérité. La Cour de cassation a hésité (1) à se conformer
à ces principes ; mais, actuellement, les arrêts sont
unanimes en faveur de l'assimilation complète (2).
Ainsi les complices d'un domestique qui vole son
maître, d'un fonctionnaire public qui abuse de son
autorité, d'un fils qui assassine son père, d'un père ou
d'un tuteur qui débauche sa fille ou sa pupille, ont
été punis de la même manière que s'ils avaient été
eux-mêmes domestiques, fonctionnaires, père ou tuteur (3). Néanmoins la jurisprudence a reculé devant
quelques-unes des conséquences du principe qu'elle
admet d'une manière presque générale. C'est ainsi
qu'elle a décidé, par arrêts des 20 septembre 1828,
19 juin 1829, que, lorsque l'auteur d'un crime commis
avec une circonstance aggravante personnelle à cet
auteur est acquitté, le complice n'est puni que de la
peine simple. La récidive est une de ces circonstances
dont les conséquences ne sont pas étendues au complice par la Cour suprême.

Les conséquences de l'assimilation posée par l'article 59 sembleraient devoir être que le complice, su-
bissant l'aggravation de peine, puisse profiter de
l'atténuation de la culpabilité de l'auteur principal.
Les cas d'excuse et d'atténuation qui diminuent la

(1) 9 février 1811, 23 avril 1814, 3 décembre 1812, 21 juillet 1814,
22 mai 1816, 22 juillet 1830.
(2) Cassation, 10 mai 1850, 11 septembre 1851, 24 mars 1853.
(3) MM. Chauveau et Faustin Hélie, tome 1er, page 487, combattent
cette jurisprudence.

pénalité sont, dans notre Code, l'article 463 étant mis de deux côtés, de deux natures : ou générales, comme celles résultant de la minorité de 16 ans (art. 67 et 69) et de la provocation par coups ou violences graves (art. 321, 324 et 325) ; ou spéciales, c'est-à-dire édictées pour chaque cas particulier, comme dans les articles 100, 108, 138, 144, 213, 284, 285, 288, 357, 380, etc. Dans tous ces cas, pourquoi la loi tempère-t-elle la peine ? C'est évidemment à raison de circonstances qui atténuent la gravité de la culpabilité, et qui font que le châtiment doit être modifié. On devrait donc, en suivant la théorie du Code, tirer cette conséquence que le complice profitera de l'abaissement de la peine, puisque la gravité du fait de complicité se mesure sur la gravité du fait principal, et que c'est la peine attachée à ce dernier fait qui, à moins de dispositions exceptionnelles, doit être celle de la complicité. Telle devrait être, selon nous, avec l'article 59, la seule décision logique et légale. La Cour de cassation, plus rigoureuse, et se mettant pour ainsi dire en contradiction manifeste avec ses décisions en matière de circonstances aggravantes, décide que, dans aucun cas, les excuses ou atténuations ne pourront diminuer la pénalité du complice. Cette décision, conforme aux idées philosophiques de la responsabilité, forme un contraste frappant avec le texte de l'article 59, texte qui devient ainsi une arme à deux tranchants contre les complices, et au moyen duquel on les fait participer à des aggravations qu'ils ne devraient pas subir, sans les faire profiter, par compensation, d'une atténuation que l'esprit et la lettre de la loi paraîtraient leur accorder.

En résumé, la seconde déduction à tirer de l'article 59, c'est que les complices souffrent de toutes les circonstances aggravantes inhérentes soit au fait principal, soit à l'auteur principal, et ne profitent, d'après la jurisprudence de la Cour de cassation, d'aucune des circonstances qui atténuent, d'une manière ou d'une autre, la culpabilité de l'auteur principal.

III. La troisième proposition qui ressort de l'article 59 est la suivante : Le complice ne peut pas subir une aggravation de peine, à raison d'une circonstance aggravante qui ne se rattacherait qu'à sa personne.

En effet, l'article 59 pose en principe, d'une part, que la même peine est applicable au fait principal et au fait de complicité ; d'autre part, que cette peine est celle dont la loi punit le fait principal. Il en résulte que si, dans la détermination de la peine, on tenait compte de la circonstance aggravante personnelle au complice, l'une ou l'autre de ces deux règles serait nécessairement méconnue. Supposons que, en se bornant à prononcer contre l'auteur principal la peine attachée au fait dont il s'est rendu coupable, on prononce contre le complice la peine de ce fait, aggravée par la circonstance qui lui est exclusivement personnelle ; il n'y aura plus alors parité de peine entre le fait principal et le fait de complicité. Supposons, au contraire, qu'on applique à l'auteur principal comme

au complice la peine aggravée par le fait de ce dernier ; la règle de l'article 59, qui prescrit l'identité de
peine, sera sans doute observée ; mais celle qui en-
joint d'appliquer la peine du fait principal sera
violée, puisqu'on aura appliqué celle du fait de complicité. Il est donc positif qu'il ne faut pas, dans l'application de la peine, tenir compte d'une circonstance
aggravante qui aurait sa source dans la personne du
complice. L'application de cette règle amènera, dans
certains cas, des résultats étranges. Ainsi un père
viole· sa fille ; il subit une aggravation de peine qui
frappe également son complice ; mais supposons
qu'un étranger viole la fille de ce même père, et que
le père soit complice de cet attentat ; il ne subira aucune aggravation de peine. Cette conséquence forcée
de la théorie de l'article 59 suffirait, à elle seule,
pour en démontrer le vice. Néanmoins, bien que souvent la conscience publique puisse être blessée de
semblables décisions, les juges, qui doivent se montrer religieux observateurs de la loi, ne peuvent se re-
fuser à décider de cette manière. La Cour de cassation a, du reste, dans plusieurs arrêts (1), formulé et
maintenu ce principe.

IV. La quatrième proposition à tirer de l'art. 59
est celle-ci : c'est que la peine du complice n'étant
déterminée que par celle du fait principal, il n'y a
lieu à complicité punissable que dans le cas où

(1) 27 avril 1815, 23 mars 1827, 16 avril 1818, 21 mars 1844,
20 octobre 1856.

l'existence d'un fait principal, constituant un crime ou un délit, a été reconnue contradictoirement avec le complice.

En effet, si l'existence du fait principal est niée par le juge, ce fait, quel qu'il ait pu être, est réputé légalement n'avoir pas existé, et, par suite, ne peut pas être punissable. De même, si le fait principal, déclaré constant, ne constitue ni crime ni délit, il n'est pas atteint par la loi pénale. Ainsi, ni dans le premier, ni dans le second cas, il ne peut y avoir lieu à complicité punissable. C'est ainsi que cela a été jugé, le 29 septembre 1820, par la Cour de cassation, dans une espèce où les faits déclarés constants par un tribunal ne constituaient pas le délit d'escroquerie à raison duquel on avait appliqué une peine. Il en serait autrement si les faits imputés au complice constituaient par eux-mêmes un crime ou un délit; mais, dans ce cas, on se trouverait en dehors des règles de la complicité, et ce serait comme auteur principal que l'accusé ou le prévenu aurait à subir un· ·ondamnation.

eut rattacher à l'application de la théorie que nous venons d'exposer, relativement à la nécessité de l'existence reconnue d'un fait constituant un crime ou un délit, la solution de deux questions importantes, et sur lesquelles on est loin d'être d'accord : je veux parler du duel et du suicide.

Duel. — Le duel constitue-t-il soit un crime, soit un délit, et par conséquent les complices d'un duel peuvent-ils ou non être condamnés?

Sans nous préoccuper des idées philosophiques qui peuvent être invoquées à l'appui de telle ou telle décision, et en reculant devant une doctrine qui aurait pour résultat d'assimiler au meurtrier celui qui, pour un motif grave, s'est volontairement offert aux coups de son adversaire, et a eu le malheur de le tuer, nous nous contenterons de résumer en peu de mots l'état de la jurisprudence.

A défaut de texte spécial punissant le duel, on applique les articles qui punissent l'homicide, ou les coups et blessures portés volontairement. La Cour de cassation, après avoir été d'abord d'un avis opposé, a décidé en 1837, sur les conclusions de M. Dupin, que le duel était, selon les cas, un crime ou un délit, et devait tomber sous l'application des articles 295, 296 et 309 du Code pénal. La plupart des Cours d'appel, au contraire, ont continué avec persévérance à protester contre cette doctrine (1). Nous n'hésitons pas à nous ranger du côté des Cours d'appel, et à repousser la théorie de M. Dupin, qui, cette fois, moins bien inspiré que dans d'autres circonstances, a réussi à faire revenir la Cour de cassation sur une jurisprudence qu'elle avait déjà consacrée par onze arrêts. Pour nous, le duel n'a pas été prévu par le Code pénal, et par conséquent il ne devrait pas y avoir de complicité possible.

(1) Poitiers, 30 octobre 1837 ; Colmar, 12 juillet 1838 ; Rennes, 22 septembre 1838 ; Nancy, 29 février 1839 ; Paris, 30 novembre 1844 ; Besançon, 22 juillet 1847 ; Dijon, 13 octobre 1847 ; Lyon, 17 janvier 1848.

Cependant, en présence de la doctrine imposée par la Cour de cassation aux tribunaux français, nous devons envisager la position de ceux qui auraient participé, comme complices, à un acte de cette nature.

D'après l'art. 60, on pourra être complice d'un duel sans être témoin, par exemple en vendant ou en fournissant les armes pour le combat (1). — Mais quel doit être le sort des témoins ? La Cour de cassation a déclaré, avec raison, qu'on peut se rendre sur le lieu du combat sans être complice. Par un arrêt de 1838, elle décide que les témoins ne sont pas complices, s'ils se rendent sur le terrain avec l'intention d'arrêter le combat, et s'ils font tous leurs efforts pour atteindre ce résultat. Si les témoins ne peuvent pas prouver qu'ils avaient l'intention d'arrêter l'effusion du sang, s'ils assistent au combat après en avoir réglé les conditions, s'ils chargent les armes ou mesurent les distances, ils seront complices et devront être punis comme tels. Voilà où l'on est infailliblement conduit, et on arriverait peut-être ainsi à enlever au duel les seules garanties qui l'empêchent de dégénérer en guet-apens, en rendant aussi périlleuses les fonctions des témoins. Cette conséquence de l'arrêt de 1837 suffirait, à elle seule, pour condamner tout ce système de répression qui, ne trouvant aucun appui dans le texte du Code, est obligé, pour ainsi dire, de se cacher sous un autre nom que son nom véritable,

(1) Cassation, 22 décembre 1837.

et de venir emprunter une pénalité à des articles édic-
tés pour une criminalité d'une tout autre nature.

Suicide. — Le suicide est-il un crime ou un délit,
et, comme conséquence, les complices du suicide
peuvent-ils être poursuivis ?

Le suicide n'est point incriminé par la loi française;
nul doute, par conséquent, que les complices de ce
fait, dans le sens de l'art. 60, ne sauraient devenir
l'objet d'une condamnation ; mais que dire de ceux
qui ont prêté la main d'une manière active et directe
à la consommation du suicide? ceux-là doivent-ils
être punis? Si nous posons la question au point de
vue de la moralité de l'acte, nous n'hésitons pas à le
dire, c'est là un acte mauvais, répréhensible, immoral
même, et qu'une législation bien faite ne doit pas
laisser impuni ; mais si nous raisonnons avec le Code,
et si nous nous demandons s'il y a, en France, un
article de loi qui punisse cette coopération au suicide,
nous pouvons affirmer qu'il n'en est aucun, et que,
dans cette hypothèse comme dans celle du duel, il a
fallu emprunter une pénalité qui n'avait pas été faite
pour ce cas. M. Dupin a trouvé cette pénalité dans
les articles qui punissent le meurtre, et il n'hésite
pas à mettre sur le même rang que le meurtrier celui
qui, à la demande pressante d'un ami malheureux,
consent à donner la mort à cet ami. La Cour de cassation, par de nombreux arrêts, a décidé dans ce
sens (1). C'est là, selon nous, une jurisprudence mau-

(1) Cassation, 16 novembre 1827, 23 juin 1838, 21 août 1851.

vaise, parce qu'elle a pour effet de mettre le juge au-
dessus de la loi, et que mieux vaut laisser un acte
coupable impuni que de permettre à un tribunal de
créer une pénalité ou d'abuser d'une certaine ana-
logie pour faire rentrer sous l'application d'un texte
des faits qui n'ont pas été prévus par les législateurs.
Que l'on comble la lacune existante, que l'on crée,
comme on l'a fait en Prusse, en Angleterre, au Brésil,
une pénalité distincte et spéciale pour des actes de ce
genre, nous applaudirons à cette mesure ; mais,
jusque-là, quels que soient les motifs d'utilité publique invoqués par les arrêts de la Cour de cassation,
nous pensons, avec M. Faustin Hélie, que la justice
n'a point intérêt à étendre les incriminations de la loi
pénale et à revêtir un fait d'une fausse qualification.

« C'est ainsi, dit cet auteur, qu'elle éveille les dé-
» fiances du jury, et qu'elle provoque le retour de
» ces principes si dangereux de l'omnipotence. Dans
» le for de la conscience et dans le langage de la loi,
» le meurtre et l'assassinat, c'est l'homicide commis
» avec fraude, avec violence ; cette violence et cette
» fraude sont les éléments de la volonté criminelle,
» éléments indispensables du crime. Si ces circon-
» stances ne sont pas constantes, l'homicide change
» de nature ; il peut constituer un autre crime, il ne
» constitue plus un homicide volontaire. »

Du principe qu'il faut, pour punir un complice,
qu'il y ait un fait principal reconnu constant et constituant un crime ou un délit, on tire la conséquence
que l'amnistie effaçant le passé et faisant considérer

le crime comme non avenu, les complices d'un fait sur lequel porte une amnistie ne sauraient être poursuivis (1).

On pourrait conclure du même principe que les complices d'un fait tenté mais non exécuté ne pourraient pas être punis. Cette conclusion serait fausse. Les articles 2 et 3 du Code pénal assimilent au crime, et parfois au délit, la simple tentative ; ces articles modifient notre principe ; c'est ainsi que cela a été jugé par arrêt de la Cour de cassation du 6 février 1812. Mais il faut, comme le font observer MM. Chauveau et Faustin Hélie, que la tentative présente elle-même tous les éléments requis par la loi pour qu'elle soit criminelle. Nous ferons également remarquer que, tout en punissant la complicité de la tentative, la Cour de cassation a décidé (2) qu'en l'absence de toute disposition légale, on ne saurait punir la tentative de complicité.

V. La cinquième et dernière proposition à tirer des termes de l'art. 59, c'est que, la peine du fait de complicité se déterminant par celle du fait principal, il suffit qu'un fait de cette nature, constitutif d'un crime ou d'un délit, soit reconnu contradictoirement avec le complice, pour que celui-ci soit punissable, quoique l'auteur principal n'ait été ni condamné ni poursuivi.

La généralité de ce principe a été plusieurs fois affirmée par la Cour de cassation dans ses arrêts des

(1) Cassation, 6 janvier 1809, 10 mai 1811.
(2) Cassation, 4 décembre 1812, 15 septembre 1836.

24 avril 1812, 23 avril 1813, 22 janvier 1830, 12 mars 1831, 10 juillet 1851 et 3 novembre 1853. Dans plusieurs cas spéciaux, cette règle a également été appliquée. Parcourons rapidement ces différentes espèces, qui quelquefois présentent des difficultés assez sérieuses à résoudre. Les cas où notre hypothèse peut le plus souvent se rencontrer sont : l'absence de poursuites contre l'auteur principal, l'acquittement, la fuite ou le décès.

Absence de poursuites. — Il peut se faire que l'auteur d'un fait criminel ou délictueux soit inconnu ; néanmoins le ministère public ne verra pas pour cela son action paralysée à l'égard des complices dont il connaît les noms. Rien, en effet, n'est plus rationnel ; quand il est certain qu'un fait punissable a été commis, bien que l'auteur principal soit parvenu à échapper à la justice, il peut être facile de prouver, d'une manière évidente, la culpabilité de l'un des complices, et alors, cette preuve étant faite, il est d'une bonne justice qu'une condamnation intervienne.

Acquittement. — L'acquittement même de celui qui comparaît comme accusé ou comme prévenu du fait principal n'empêche point la condamnation du complice. Ainsi il peut arriver, par exemple, que la justice ait commis une erreur dans la poursuite de l'auteur principal. Qu'importe cette circonstance, pourvu qu'elle ne se soit pas trompée à l'égard des complices ? La déclaration du jury qui acquitte un accusé n'implique nullement la non-existence du fait ; sa véritable signification est celle-ci, à savoir : que l'accusé n'est pas coupable, soit parce qu'il y a eu erreur dans la poursuite , soit parce qu'il était fou ou insensé, soit parce qu'il a cédé à une de ces influences funestes qui quelquefois font disparaître momentanément toute responsabilité. Aussi il n'y a qu'une contradiction apparente entre les verdicts qui acquittent un auteur principal et condamnent les complices, contradiction qui n'est basée que sur une manière vicieuse d'apprécier le sens du verdict. La Cour de cassation n'a pas , sur cette question, une jurisprudence uniforme; ainsi quelquefois elle a considéré que l'immunité de l'auteur principal ne profitait d'aucune façon au complice; ensuite elle a jugé que la déclaration qui exonérait l'auteur modifiait la situation du complice, et transformait, par exemple, en faux ordinaire en écriture publique le faux commis par un officier public dans l'exercice de son ministère ; plus tard elle est revenue à sa première jurisprudence; en dernier lieu, elle a formulé et maintenu, comme nous allons le voir, le principe en vertu duquel l'acquittement de l'auteur principal se concilie avec la condamnation du complice. Ce principe, nous le rencontrons émis d'une manière générale, en matière de banqueroute frauduleuse, dans les arrêts en date du 5 mars 1841 , du 9 février 1855, rendu après partage sur les conclusions conformes du procureur général, enfin du 19 février 1859, où il a été jugé qu'en matière criminelle la question de culpabilité comprend deux éléments distincts, la matérialité du fait et l'intention criminelle de son auteur; que le jury peut donc, en admettant l'existence du fait matériel, écarter la criminalité de l'intention ; qu'il suit de là que la réponse négative du jury à la question de culpabilité de l'auteur principal ne forme point obstacle à ce que la question soit résolue affirmativement à l'égard du complice ; qu'une déclaration ainsi formulée ne présente ni contradiction ni inconciliabilité dans ses dispositions ; qu'il en résulte seulement que le jury apprécie différemment la criminalité de l'intention à l'égard de l'un et de l'autre.

Depuis cet arrêt, la jurisprudence n'a subi aucune variation sur ce point.

Fuite. — Si l'acquittement de l'auteur principal ne fait point obstacle à la condamnation du complice, à plus forte raison doit-il en être ainsi de la fuite de l'auteur, qui peut, jusqu'à un certain point, être considérée comme une présomption de culpabilité. Cela a été formellement décidé par arrêt du 3 juin 1830.

Décès. — Le décès de l'auteur principal n'a et ne doit avoir aucun effet sur le sort des complices, dont la culpabilité est complètement indépendante du fait qui est venu frapper leur associé dans l'action criminelle commise. Ceci a été jugé le 4 décembre 1823, dans une affaire célèbre, l'affaire Castaing. Ce dernier avait été condamné à mort comme coupable : 1° d'avoir détruit, de complicité avec Auguste Ballet, décédé, un titre contenant les dernières volontés d'Hippolyte Ballet, frère de ce dernier ; 2° d'avoir, à l'aide de substances vénéneuses, attenté à la vie d'Auguste Ballet lui-même. Entre autres moyens de cassation,

—7

Castaing prétendit que la question relative à la suppression du testament d'Hippolyte Ballet et la réponse du jury étoient entachées de nullité, parce que Auguste Ballet, n'existant plus, n'avait pu être déclaré l'auteur ou le complice de cette soustraction ; que, par là, on avait flétri sa mémoire et violé la loi, qui veut que l'action publique s'éteigne par la mort du prévenu. Le pourvoi fut rejeté, « attendu que le décès de l'auteur d'un crime ou d'un délit ne peut être un obstacle aux poursuites envers ceux qui peuvent en avoir été les complices, et que, lorsqu'il y a indivisibilité entre le fait et ceux qui y ont coopéré, celui qui est reconnu auteur peut être nominativement désigné dans le jugement, quoiqu'il soit décidé que cette déclaration n'emporte aucun des effets que la loi a attachés aux condamnations. »

En résumé, pour qu'il y ait lieu à la condamnation du complice, il suffit que le fait matériel du crime ou du délit existe ; que ce fait matériel soit reconnu contradictoirement avec celui qui est accusé ou prévenu d'en être le complice, et que les faits de complicité aient les caractères voulus par la loi pour les rendre criminels.

Nous venons d'examiner le texte de l'art. 59, d'en faire ressortir les conséquences qui en découlent ; nous devons maintenant indiquer les cas exceptionnels où le principe de cet article ne s'applique pas, exceptions qui sont comprises d'une manière générale dans ces derniers mots : « sauf les cas où la loi en aurait disposé autrement. » Il serait difficile d'énumérer, sans en oublier, tous les cas où la loi a dérogé à l'art. 59. Ces dérogations se rencontrent dans les lois spéciales à certaines matières et dans le Code pénal lui-même. Ce que nous devons poser comme une règle générale, c'est que, toutes les fois qu'un texte législatif ne viendra pas indiquer au juge la marche qu'il doit suivre, il devra se référer à l'article 59 et en faire l'application (1). Nous nous contenterons de citer comme dérogeant à l'art. 59 les articles 63, 67, 100, 102, 107, 108, 114, 116, 138, 144, 190, 213, 267, 268, 284, 285, 288, 293, 438, 441 du Code pénal. Au surplus, l'explication de plusieurs de ces articles trouvera sa place dans l'étude que nous aurons à faire de certaines complicités spéciales.

La pénalité étant connue, nous avons à rechercher quels sont les faits qui tombent sous l'application de l   i : tel est l'objet des art. 60, 61, 62 et 63.

§ 2, art. 60. — Cet article contient l'énumération des caractères que le législateur, en matière de complicité, a cru devoir exiger pour constituer la criminalité ; il est ainsi conçu :

« Seront punis comme complices d'une action
» qualifiée crime ou délit, ceux qui, par dons, pro-
» messes, menaces, abus d'autorité ou de pouvoir, ma-
» chinations ou artifices coupables, auront provoqué
» à cette action ou donné des instructions pour la

(1) Cassation, 17 février 1844 , 16 novembre 1844, 16 octobre 1844, 8 janvier 1863 , 9 janvier 1863.

» commettre ; — ceux qui auront procuré des armes,
» des instruments ou tout autre moyen qui aura
» servi à l'action, sachant qu'ils devaient y servir ; —
» ceux qui auront, avec connaissance, aidé ou assisté
» l'auteur de l'action, dans les faits qui l'auront pré-
» parée ou facilitée, ou dans ceux qui l'auront con-
» sommée, sans préjudice des peines qui seront spé-
» cialement portées par le présent Code contre les
» auteurs de complots ou de provocations attenta-
» toires à la sûreté intérieure ou extérieure de l'Etat,
» même dans le cas où le crime qui était l'objet des
» conspirations ou des provocations, n'aurait pas été
» commis. »

En dehors de cette énumération limitative, le juge
ne peut appliquer aucune peine, et il doit, dans toute
affaire, s'attacher à reconnaître si l'acte reproché
rentre bien dans l'une des trois catégories de l'art. 60.
Ainsi il ne suffirait pas, pour être punissable, d'avoir
eu connaissance d'un crime et de l'avoir laissé exécuter (1), ou bien d'avoir été témoin d'un crime sans
l'avoir empêché (2) ; de même le consentement seul
ou le simple conseil seraient impuissants pour motiver une prévention ou une accusation (3). Les faits
de coopération soit antérieure, soit concomitante,
quelque immoraux qu'ils puissent être, doivent rester
impunis, s'ils ne sont pas compris dans l'une des

(1) Cassation, 27 mars 1846, 15 novembre 1847.
(2) Cassation, 16 décembre 1852.
(3) Cassation, 28 thermidor an II, 23 juillet 1858.

trois catégories qui font l'objet des trois alinéas de
l'art. 60. Ces trois alinéas nous indiquent la division
que nous suivrons : alinéa 1, participation antérieure intellectuelle; alinéa 2, participation antérieure matérielle ; alinéa 3, participation concomitante ; nous verrons enfin que ce troisième alinéa
indique des exceptions relatives à une certaine classe
de crimes attentatoires à la sûreté intérieure ou extérieure de l'État.

Alinéa 1, participation antérieure intellectuelle. —
Le Code établit une grande division dans les cas de
participation antérieure intellectuelle : les provocations et les instructions.

Pour que la provocation soit punissable, il faut
qu'elle soit accompagnée de dons, de promesses, de
menaces, d'abus d'autorité ou de pouvoir, de machinations ou d'artifices coupables. L'une ou l'autre de
ces circonstances doit être déclarée constante par le
jury, ainsi que cela a été décidé par un arrêt du
3 septembre 1812 ; mais il n'est pas nécessaire d'indiquer à qui la provocation s'est adressée. Ce dernier
principe a été reconnu le 3 octobre 1857, dans l'affaire Doineau, qui s'était fait un moyen de cassation
de ce que la déclaration du jury qui le concernait ne
mentionnait pas que la provocation avait été exercée
envers celui ou ceux par lesquels le fait principal
avait été commis.

On trouve l'origine du premier alinéa de l'art. 60
dans les anciens criminalistes, qui étaient entrés dans
de grands développements sur ces différents modes de

complicité, et qui avaient établi des distinctions nombreuses sur les manières multiples dont pouvaient se
présenter soit le mandat, soit le conseil (1). La loi moderne n'est point entrée dans tous ces détails ; il peut
être quelquefois utile de connaître ces anciennes inter-
prétations, souvent justes ; mais c'est au philosophe et
au moraliste à les enseigner ; les juges pourront y
trouver des bases pour mesurer la faute qu'ils auront
à punir. Pour nous, nous devons nous en tenir au
texte formel de la loi et à son application. Passons
en revue les différents modes de provocation.

Dons et promesses, menaces. — Aucune difficulté
sérieuse ne s'est élevée sur ces trois termes. Il n'est
pas nécessaire que les dons et les promesses aient
été faits directement à l'auteur principal ; alors même
que le provocateur aurait employé une tierce personne, il n'en serait pas moins complice, et devrait
être puni comme tel (2). La loi n'a pas défini les caractères que devaient avoir les dons et les promesses
pour être punissables ; c'est là une question de fait
que les jurés résolvent d'une manière souveraine et
qui ne peut pas être soumise à l'appréciation de la
Cour de cassation ; mais, lorsque soit une chambre
de Cour d'appel en matière correctionnelle, soit une
chambre de mises en accusation, après la recon-
naissance des faits constitutifs de la provocation légale et de l'intention criminelle de l'agent, discutent

(1) Dalloz, v° complicité, nos 96, 97, 98.
(2) Cassation, 23 mai 1844.

les conséquences légales de ces éléments, elles entrent dans le domaine du droit, et, sous ce point de vue, leurs décisions sont soumises à la Cour de cassation. Un arrêt de 1856, par lequel cette Cour revient sur des décisions précédemment prises, ne permet plus de douter que telle est maintenant la théorie admise par elle. Voici l'arrêt et les circonstances dans lesquelles il est intervenu :

Le nommé Théodore avait parié 80 centimes avec le nommé Cornudet que celui-ci ne se baignerait pas nu, dans un baquet, sur la voie publique. Cornudet tint le pari, et exécuta l'acte qui en était l'objet. Il fut poursuivi comme coupable d'outrage public à la pudeur, et Théodore comme complice de ce délit, pour l'avoir provoqué par promesse. Cornudet fut condamné. Quant à Théodore, la Cour impériale de la Guyane française reconnut que les faits qui lui étaient imputés étaient prouvés ; mais elle jugea, en droit, que ces faits ne constituaient pas la provocation par promesse. Sur le pourvoi du ministère public, cet arrêt fut annulé : « Attendu que l'article 60 du Code pénal répute complices d'une action qualifiée crime ou délit ceux qui, par dons ou promesses, provoquent à cette action ; attendu que celui qui, sous la forme de pari, s'engage à donner à un autre une somme d'argent, pour le cas où celui-ci commettrait une action qualifiée délit, fait, par cela même, une promesse, et provoque ainsi à l'action délictueuse; attendu que l'arrêt attaqué reconnaît que le nommé Théodore a parié avec le nommé Cornudet que celui-ci ne se baignerait pas tout nu dans un baquet placé sur la voie publique, et s'est engagé à lui donner une somme d'argent, dans le cas où ledit Cornudet accomplirait cette action qui a été commise, et qui constitue le délit prévu par l'article 330 du Code pénal; que, dès lors, et en renvoyant Théodore des fins de la plainte, l'arrêt attaqué a violé les dispositions de l'article 60 du Code pénal. »

Ainsi les juges du fait sont souverains pour juger que tels dons ou telles promesses sont coupables ou non; mais, l'existence de ces dons et de ces promesses étant une fois reconnue, la peine édictée par l'art. 60 doit être prononcée. Il a été jugé que, lorsque les criminels se seront fait assurer contre les chances de leur crime ou de leur délit, les assureurs seront complices. (Arrêt du 22 octobre 1825, en matière d'assurance de contrebande.)

Quant aux menaces, les juges auront à voir si elles ont été de nature à influer d'une manière notable sur la volonté de celui qui a accompli l'action criminelle ; il faudra que la violence de ces menaces soit assez forte pour qu'il soit possible de supposer qu'elles ont pu raisonnablement effrayer celui qui en était l'objet.

Abus d'autorité ou de pouvoir. — Ces mots ont été substitués en 1810 au texte du Code de 1791, qui ne contenait que le mot *ordres*. L'orateur du gouvernement a motivé ce changement sur ce que le mot *ordres* ne comprend pas suffisamment les abus d'autorité et de pouvoir; ceux-ci, en effet, peuvent avoir lieu sans émaner d'ordre précis, et être colorés sous des prétextes spécieux, dont il est impossible de parvenir à découvrir et punir la connexité avec le crime commis.

Que faut-il entendre par ces expressions : *abus d'autorité ou de pouvoir?* Nous l'avons déjà dit, il faut procéder avec la même rigueur que le Code. Nul doute, par exemple, que le simple conseil donné par un supérieur à un inférieur ne doive tout d'abord être écarté; il en sera de même pour le simple consentement. L'abus d'autorité ne pourra constituer un cas de complicité que s'il a pesé fortement sur la volonté du criminel; il faudra apprécier l'autorité du commandant, d'une part, et la soumission du commandé. Au surplus, les juges du fait auront encore là un pouvoir souverain d'appréciation, et pourront prendre en considération l'abus d'une autorité morale ou religieuse, aussi bien que l'abus d'une autorité légale.

Il y a des cas où le subordonné pourra invoquer comme excuse l'ordre qu'il a reçu; ces cas sont rares; on en trouve un exemple dans l'article 114 du Code pénal (1). Il faudrait se garder d'étendre ce principe surtout à l'égard des fonctionnaires civils, qui conservent toujours leur liberté d'action et leur responsabilité.

_____

(1) ART. 114. — Lorsqu'un fonctionnaire public, un agent ou un préposé du gouvernement, aura ordonné ou fait quelque acte arbitraire ou attentatoire soit à la liberté individuelle, soit aux droits civiques

Nous trouvons ici l'occasion de signaler un défaut capital dans la théorie du Code, qui confond la participation principale et la participation accessoire. Le provocateur a-t-il suggéré ou inspiré la pensée du crime, et, sans son ordre, le crime ne se serait-il pas commis ? il devrait être un coauteur. Au contraire, si le provocateur n'a fait que fortifier la pensée déjà conçue du crime, il ne devrait être que complice. Il y a des circonstances où le commandant est certainement un coauteur : tel est le cas d'obéissance militaire. Chez nous, l'éducation du soldat semble ne concourir qu'à un seul but, lui inculquer la conviction qu'il n'est qu'une machine, qu'il doit obéissance à son chef non-seulement à l'étranger contre l'ennemi, mais dans sa patrie contre son concitoyen. Je suppose que demain, en pleine paix et en l'absence totale de tout trouble civil, un officier, voulant satisfaire une vengeance, fasse prendre les armes à quatre soldats, et, les conduisant dans une maison, leur ordonne d'en fusiller les habitants. Si les soldats refusent, on peut leur faire entrevoir que leur refus entraîne la peine de mort, aux termes de l'art. 217 de la loi militaire.

d'un ou de plusieurs citoyens, soit à la charte, il sera condamné à la peine de la dégradation civique.

Si, néanmoins, il justifie qu'il a agi par ordre de ses supérieurs, pour des objets du ressort de ceux-ci, et sur lesquels il leur était dû obéissance hiérarchique, il sera exempt de la peine, laquelle sera, dans ce cas, appliquée seulement aux supérieurs qui auront donné l'ordre.

Placés dans une telle situation, s'ils sont intelligents, ils désobéiront, et, selon toute probabilité, ils échapperont à l'art. 217 ; mais si, par malheur, cette idée que l'obéissance est le premier des devoirs du soldat est entrée dans leur esprit au point d'étouffer toute autre voix de la conscience, ils accompliront l'ordre qu'ils auront reçu. Quelle sera alors leur position, ainsi que celle de l'officier, au point de vue de la culpabilité ? Les soldats comparaîtront en qualité d'auteurs principaux, et l'officier sera considéré comme complice. C'est là une conséquence inique de l'article 60 ; car, pour tout le monde, l'officier est presque le seul coupable, les soldats n'ont été que des instruments et des victimes. Nous n'irons pas jusqu'à dire que la loi de l'obéissance militaire a pour résultat de faire disparaître toute espèce de culpabilité chez le subordonné, parce qu'il y a des faits dont l'immoralité est tellement flagrante, que c'est toujours un crime de les accomplir, et qu'il y a des ordres auxquels il est du devoir de tous de résister. Mais si cette obéissance passive que l'on enseigne au soldat ne peut lui servir d'excuse, elle devrait au moins avoir pour résultat de faire considérer comme coauteur le militaire, qui ne craint pas d'abuser de ce pouvoir considérable mis entre ses mains. L'exemple que nous venons de choisir est un de ceux où la complicité par abus d'autorité est extrêmement facile à reconnaître ; il y a d'autres autorités qui sont habituellement moins obéies, mais qui peuvent cependant avoir à leur disposition des moyens de coercition suffisants pour faire commettre telle ou telle action mauvaise. Ainsi que nous l'avons déjà fait observer, c'est une question d'appréciation à faire ; mais on ne doit pas perdre de vue que cette provocation suppose, en général, une supériorité de moyens soit intellectuels, soit pécuniaires ; ainsi l'on ne pourrait raisonnablement la supposer de la part d'un domestique envers son maître, d'un soldat envers son chef ; car ni le soldat ni le domestique ne peuvent avoir exercé cette influence suffisante pour faire commettre le crime. Il a été jugé que l'influence qu'un concubin pouvait avoir sur sa concubine, bien que cette influence fût illégitime, pouvait servir de base à une provocation au crime par abus d'autorité. Dans certaines circonstances données, l'abus de l'autorité religieuse pourrait très-bien être considéré comme un abus de pouvoir ou d'autorité dans le sens de l'art. 60.

Machinations ou artifices coupables. — Ces mots ont été ajoutés dans la nouvelle rédaction substituée en 1810 au texte de 1791. Pour justifier cette adjonction, l'orateur du gouvernement s'exprime en ces termes :

« Il est des combinaisons si éloignées, des machi-
» nations si compliquées, l'art et l'astuce ont tant de
» moyens de voiler leur action, que des juges et des
» jurés, quoique convaincus de leur existence, ne se
» permettraient pas de les prendre en considération,
» si la loi ne leur en fait un devoir spécial. »

Ces mots : *machinations ou artifices coupables,* ont soulevé une difficulté : c'est celle de savoir si l'adjectif *coupables* se rapporte aux deux substantifs *ma-*

chinations et artifices. Sans aucun doute, cette dernière expression est qualifiée par le mot coupables, et lorsqu'il s'agira de ce genre de provocation, on ne devra pas manquer de demander au jury s'il y a eu artifices coupables ; la question est de savoir si l'on devra également demander au jury s'il y a eu machinations coupables ou simplement machinations. La Cour de cassation, par arrêt du 18 mars 1816 (1), a décidé que la qualification de coupables était inutile pour les machinations, « attendu, a-t-elle dit, que les » faits qui ont déterminé la mise en accusation et le » renvoi aux assises des nommés X... rentrent dans » les cas prévus par les articles 60, n° 1, et 295 du » Code pénal ; que, dans le sens dudit article 60, » le mot *machinations* présente par lui-même une » prévention de culpabilité, sans qu'il soit besoin » d'y ajouter le mot coupables, qui se réfère seule- » ment au mot artifices, pour caractériser la moralité » de ce mode de provocation à un crime... »

Cette distinction entre les artifices et les machinations n'a pas été généralement adoptée par les auteurs. MM. Carnot et Faustin Hélie pensent, au contraire, que l'épithète coupables doit être appliquée aux deux expressions, pour caractériser une fraude condamnable, et que si, dans l'art. 60, cette épithète ne se trouve qu'après le mot artifices, c'est pour éviter une répétition de mots. Cette dernière opinion est celle que nous adopterons ; l'expression de machinations

(1) Voyez également Cassation, 19 octobre 1832,

n'emporte pas par elle-même l'idée de manœuvres condamnables, et les juges seraient exposés à punir des manœuvres qui ne présenteraient pas un caractère suffisant de culpabilité, si leur attention n'était pas éveillée par l'adjonction de ce mot coupables.

La complicité, comme nous l'avons dit, peut encore avoir lieu par *instructions*.

Quelle doit être la nature de ces instructions? doivent-elles être accompagnées de dons, promesses, menaces, abus d'autorité ou de pouvoir? Nous ne le pensons pas. Le premier paragraphe de l'art. 60 renferme deux modes distincts de participation intellectuelle : la provocation par dons, etc., et les instructions pour commettre le crime. Les instructions supposent un projet arrêté et un concert préalable, et pour ainsi dire une provocation antérieure. Les circonstances qui rendent la provocation coupable ne peuvent donc s'appliquer aux instructions. Au surplus, la construction grammaticale de la phrase s'oppose à ce rapprochement. Le premier paragraphe de l'article doit se lire comme si, après les mots « *auront provoqué à cette action,* » et avant ceux « *donné des instructions pour la commettre,* » on avait répété les premiers mots de l'article : « seront punis comme complices d'une action qualifiée crime ou délit, ceux qui... (1). » Il suffit donc qu'il soit déclaré que les instructions ont été données pour commettre le crime; c'est ce que la jurisprudence a reconnu (2).

(1) Dalloz, n° 107, *verbo* complicité.
(2) Cassation, 21 août 1845.

Devra-t-on punir toutes les instructions qui auront pu être données? Il y aurait là un danger; on s'exposerait à punir certaines instructions qui n'ont rien de blâmable, celles qui, par exemple, auraient été données sans connaissance du délit prémédité. Aussi MM. Carnot, Chauveau et Le Sellyer veulent que le jury ne se borne pas à mentionner l'existence des instructions, mais ajoute qu'elles ont été données avec connaissance. M. Dalloz repousse la nécessité de cette addition, parce que la connaissance lui paraît résulter des instructions elles-mêmes. Pour nous, la question est tout entière dans les circonstances élémentaires de la criminalité. Il ne suffit pas d'avoir indiqué les moyens par lesquels un crime peut être commis pour qu'on puisse être réputé complice, il faut que ces instructions aient été données en vue du crime qui va se commettre, et pour en faciliter l'exécution. Mais est-il bien nécessaire que ces mots : « avec connaissance, » soient ajoutés à la question qui sera posée au jury, ainsi que le demandent les auteurs dont nous venons de citer les noms? Cette précaution peut être bonne, afin d'appeler spécialement l'attention du jury sur ce fait; elle n'est cependant point indispensable. Toute question posée au jury renferme dans ces mots : « un tel est-il coupable? » l'obligation d'examiner si l'acte reproché réunit les conditions suffisantes de culpabilité, et il n'y aurait pas un juré en France pour condamner un homme qui, involontairement et sans savoir qu'un crime ou un délit est prémédité, aurait donné à l'auteur des instructions qui ont pu faciliter la perpétration de ce crime ou de ce délit. La Cour de cassation, du reste, se fondant, avec raison, sur le texte formel de la loi, qui, dans ce premier paragraphe de l'article 60, n'exige point, comme dans le second, qu'il soit dit que l'accusé a agi avec connaissance, décide que la question est régulièrement posée sans que cette mention y soit mise (1).

Alinéa 2, participation antérieure matérielle (2). — Ce deuxième paragraphe prévoit une complicité matérielle antérieure à l'action, et consistant dans le fait d'avoir procuré des instruments ou tout autre moyen devant servir au crime. Il faut remarquer que le législateur a cru, ainsi que dans le paragraphe suivant, devoir exiger que le complice sût que les instruments qu'il prêtait, non-seulement pouvaient, mais devaient servir au crime. La question que nous nous sommes posée à l'égard des instructions est ici résolue par le texte lui-même. (Arrêt du 18 mai 1844.)

Les jurisconsultes romains avaient admis cette espèce de complicité contre celui qui prêtait sciemment des instruments pour forcer une armoire, ou contre celui qui prêtait une échelle, sachant qu'elle devait servir à une escalade. « Qui ferramenta *sciens* com-
» modaverit ad effringendum ostium vel armarium,
» vel scalam *sciens* commodaverit ad ascendendum,

(1) Cassation, 27 octobre 1815, 23 mai 1844, 21 août 1845.

(2) Art. 60, 2° alinéa. — « Ceux qui auront procuré des armes, des instruments, ou tout autre moyen qui aura servi à l'action, sachant qu'ils devaient y servir. »

» licet nullum ejus consilium principaliter ad furtum
» faciendum intervenerit, tamen furti actione tenetur.»
(Loi 54, § 4, *de furtis*.) A Rome, il fallait également
la connaissance que les objets prêtés devaient servir
au crime.

S'il est indispensable que, dans les questions posées au jury, on indique que l'accusé a dû savoir le
but criminel auquel étaient destinés les instruments
qu'il prêtait, il n'est pas nécessaire que les termes
mêmes de l'article 60 soient reproduits ; mais il faut
que l'idée contenue dans ces mots se retrouve dans le
verdict ou, au moins, dans des termes équivalents. Il
faudra donc, pour constituer la complicité, qu'il soit
constaté que les instruments ou les autres moyens ont
servi à l'action, et que ceux qui les ont procurés sa-
vaient qu'ils devaient y servir (1).

Ce mode de complicité est très-varié, ainsi que l'indiquent ces mots : « ou tout autre moyen qui aura servi
à l'action. » Ainsi il y aura complicité de la part de
celui qui a fourni les pinces qui ont servi à forcer des
portes ou des meubles, qui a prêté les échelles desti-
nées à l'escalade, qui a fabriqué de fausses clefs et
les a remises à celui qui s'en est servi ensuite pour
commettre un vol. Il y aurait également complicité du
délit de colportage sans dépôt préalable, dans le fait
d'avoir fourni aux auteurs de ce délit les imprimés
colportés (2). On peut également rattacher à ce genre

(1) MM. Chauveau et Faustin Hélie, page 447 ; Cassation, 18 mai
1844.

(2) Cassation, 13 août 1849.

—8

de complicité un fait prévu par l'art. 341 du Code pénal.
Cet article punit des travaux forcés à temps ceux qui
se sont rendus complices du crime de détention illé-
gale, en prêtant un lieu pour opérer cette détention.

Alinéa 3, participation concomitante (1). — Les faits
les plus variés sont compris dans ce troisième alinéa ; tous n'ont certainement pas le même caractère
de gravité, et nous avons vu que rationnellement on
aurait dû distinguer entre eux ceux sans lesquels le
crime n'aurait pas pu avoir lieu, d'avec ceux qui
n'étaient pas indispensables à sa perpétration. Quoi
qu'il en soit, ce paragraphe atteint tous ceux qui, avec
connaissance, ont aidé ou assisté l'auteur :

1° Dans les faits qui ont *préparé* l'action : l'idée
exprimée est claire, mais trop générale ; elle comprend
toute espèce d'actes ayant, d'une manière même très-
indirecte, servi à préparer le crime ;

2° Dans les faits qui ont *facilité* l'action. Cette expression rend la précédente inutile ; faciliter, c'est,
en effet, préparer l'action. On a dit, pour justifier ces
deux expressions, que le législateur avait visé, par le
mot *facilité*, les actes qui concernent l'exécution définitive, et qui se rapprochent davantage du moment

____

(1) Art. 60, 3° alinéa. — « Ceux qui auront avec connaissance aidé
ou assisté l'auteur ou les auteurs de l'action, dans les faits qui l'auront
préparée ou facilitée, ou dans ceux qui l'auront consommée,
sans préjudice des peines qui seront spécialement portées par le présent Code contre les auteurs de complots ou de provocations attentatoires à la sûreté intérieure ou extérieure de l'État, même dans le
cas où le crime qui était l'objet des conspirateurs ou provocateurs
n'aurait pas été commis. »

de l'exécution : tel, est par exemple, l'acte de celui qui fait le guet. Au surplus, les juges ont à cet égard un pouvoir illimité d'appréciation ; ils doivent seulement déclarer que l'acte a eu lieu avec connaissance du but criminel de l'auteur (1), et les jurés peuvent formuler leur réponse en se basant sur les termes de l'art. 60, quelque généraux qu'ils soient ;

3° « Ou dans ceux qui l'auront consommé. » Ici le Code fait, selon nous, une confusion évidente : aider quelqu'un dans les faits qui ont consommé le crime, ce sera, la plupart du temps, être coauteur. Comment distinguer, parmi ces faits nombreux au moyen desquels se consomme l'acte même du crime, ceux qui ne seront que des faits de complicité d'avec ceux qui sont le crime lui-même ? Quels sont les agents que le Code range parmi les coauteurs ? La réponse à cette question ne se trouve nulle part dans le Code. La raison de ce silence vient de ce que les législateurs, ayant admis dans toute sa rigueur le principe de l'assimilation, n'ont point vu d'utilité à distinguer le complice du coauteur. Néanmoins il peut y avoir, comme nous le verrons plus loin, un grand intérêt à faire cette distinction. Ce qu'il y a de certain, c'est que la limite entre le coauteur et le simple complice n'est posée nulle part d'une manière catégorique dans les textes ; si nous nous en tenons aux termes du Code, nous considérerons comme coauteur celui-là seulement qui, directement et d'une manière intrinsèque, a participé

(1) Arrêts des 26 septembre 1822, 4 janvier 1839, 13 juillet 1843, 24 juillet 1847, 14 octobre 1847.

personnellement au crime; tout autre agent est un simple complice. Ainsi Primus et Secundus tuent Tertius à coups de bâton; ils ont frappé tous les deux, ils sont coauteurs. Mais si Secundus a seulement tenu la victime pendant que Primus la frappait, il n'est que complice, attendu que tenir une personne pendant qu'un autre la frappe ne constitue pas l'acte matériel de la faire mourir sous le bâton. La jurisprudence ne s'est pas arrêtée à cette explication stricte et rigoureuse, et on rencontre les solutions les plus diverses : il a été décidé que la coopération, et non pas la simple complicité, existait dans l'action de faire le guet en dehors d'une maison, tandis qu'un autre individu commettait un vol dans l'intérieur (1). Il y a également coopération reconnue : 1° dans la déclaration que l'accusé a soustrait frauduleusement et de complicité, dans une maison habitée, les objets volés (2); 2° dans le fait, de la part de plusieurs individus, de s'être rendus coupables d'avoir, ensemble et de complicité, commis une tentative de meurtre.

Enfin il a été jugé que, lorsqu'il est déclaré par le jury qu'un accusé a assisté un individu dans les faits qui ont consommé un vol dans une maison habitée, cet accusé doit être considéré comme coauteur (24 août 1827). Cette dernière décision tendrait à rien moins qu'à détruire le dernier paragraphe de l'art. 60, et à ranger dans la classe des coauteurs des accusés qui,

(1) Cassation, 9 avril 1813.
(2) Cassation, 27 février 1813.

aux termes de cet article, ne sont que des complices. Aussi croyons-nous que cette jurisprudence, qui consiste à substituer les raisonnements du jurisconsulte aux expressions de la loi, est mauvaise, et, tout en déplorant l'obscurité du texte au point de vue de la distinction qu'il serait nécessaire d'établir, nous pensons que l'on est plus sûr de ne pas s'égarer en restant dans les limites trop étroites tracées par l'art. 60.

Il nous reste à nous demander quel est, dans la pratique, l'intérêt de la distinction entre le complice et le coauteur. L'intérêt de cette distinction ressortira surtout de l'étude de la situation personnelle du coauteur par rapport aux circonstances aggravantes ou atténuantes qui peuvent accompagner le crime.

Il est tout d'abord un point hors de doute: c'est que les coauteurs subissent tous l'aggravation résultant des circonstances aggravantes soit inhérentes au fait même, soit personnelles à l'auteur principal; leur position, en effet, ne saurait être meilleure que celle des complices (1). Sur ce point donc, aucune différence entre le coauteur et le complice; mais nous avons vu que les circonstances aggravantes personnelles aux complices n'avaient aucune influence sur la pénalité de l'auteur principal; il n'en est pas de même lorsque ces circonstances aggravantes se rencontrent dans la personne du coauteur. Ce dernier

(1) Cassation, 11 septembre 1851, 20 avril 1827, 9 juin 1848, 30 septembre 1853.

important sa personnalité dans l'incrimination, il en
résulte, si elle constitue une circonstance aggravante,
qu'elle élève le fait punissable dans l'échelle des
crimes et des délits, et que c'est la peine de ce fait
modifié qui devient commune à tous ceux qui y ont
concouru. Ainsi le vol simple se transforme en vol
domestique, si l'un des coauteurs est un serviteur à
gages ; le meurtre se transforme en parricide, s'il se
trouve parmi les coauteurs un descendant de la victime. Cette vérité ressort des arrêts de la Cour de cassation qui déclarent « que les coauteurs sont assimilés
à l'auteur même de l'infraction ; que le crime ou le
délit n'est plus le fait d'un seul ; qu'il y a une coopération commune à l'acte incriminé. » Il y aura donc
souvent un grand intérêt, pour tel ou tel accusé, à
être considéré comme complice plutôt que comme
coauteur, ou réciproquement, selon les cas.

Quant aux différentes causes d'excuse ou d'atténuation, nous avons vu que, contrairement à l'interprétation logique de l'art. 59, la Cour de cassation se
refusait à en étendre les effets aux complices. Quelle
est à cet égard la position des coauteurs ? Quel sera
l'effet d'une cause d'excuse se rencontrant dans la
personne de l'auteur principal ? La Cour de cassation
a maintenu le même principe que pour les complices,
et le coauteur ne pourra en profiter (1).

Les mêmes critiques que nous avons élevées contre
cette jurisprudence, en matière de complicité, pour-

(1) Cassation, 12 avril 1844.

raient se reproduire avec raison lorsqu'il s'agit de la coopération ; rien, en effet, dans la loi, n'indique qu'il faille priver le coauteur du bénéfice d'un excuse qui fait qu'en réalité le crime auquel il a participé a été transformé et est devenu moins grand.

Il existe un second motif pour distinguer le coauteur du complice. Dans certains cas, le concours de plusieurs coauteurs dans l'exécution d'un crime paraît au législateur une circonstance aggravante qui mérite une plus forte peine. (Art. 386 du Code pénal.) Supposons un vol commis par deux personnes ; si l'un des agents du vol est considéré comme complice, il y a un vol simple, sans la circonstance aggravante de la réunion de plusieurs personnes ; si, au contraire, cet agent est considéré comme coauteur, il y a réunion de plusieurs personnes, et par conséquent lieu à appliquer l'art. 386. Il y a également, relativement à certaines questions de procédure que nous examinerons plus loin, intérêt à distinguer le complice du coauteur.

Les derniers mots de l'art. 60 posent une exception au droit commun, et établissent implicitement la règle générale que la provocation, même directe, à un crime, n'est incriminée qu'autant qu'elle a été suivie d'effet. L'exception se rapporte aux matières politiques, dans lesquelles la provocation, indépendamment de toute exécution, doit être poursuivie ; c'est ainsi que, dans les art. 202 et 205, on punit comme provocateurs les ministres du culte qui, dans leurs discours ou écrits, auraient provoqué directement à

la désobéissance aux lois, ou excité les citoyens les
uns contre les autres. La loi sur la presse de 1819
contient également l'application de cette exception.
Enfin la loi du 27 février 1858, reproduisant les
dispositions de la loi du 9 septembre 1835, qui avait
été abrogée par le décret du 6 mars 1848, a reproduit cette exception pour la provocation, non suivie
d'effet, aux crimes prévus par les articles 86 et 87
du Code pénal. Il est cependant à remarquer que,
dans tous ces cas, les provocateurs ne sont pas punis
comme de véritables complices, mais bien comme
coupables d'un délit distinct, et punis d'une peine
spéciale.

§ 3, art. 61. Nous arrivons à l'explication des trois
articles concernant les différentes espèces de recel.

En théorie, nous avons exprimé cette idée qu'en
général les faits postérieurs aux crimes ou aux délits
ne devaient pas être considérés comme des faits de
complicité ; mais nous avons, en même temps, apporté cette restriction, qui consiste à punir des peines
de la complicité les faits qui, bien que postérieurs
aux crimes ou aux délits, se présentent accompagnés
de circonstances qui, par leur nature, ont servi à la
consommation de l'action criminelle. D'après ces principes, les différentes espèces de recel ne devaient devenir des actes de complicité qu'autant que ceux qui
s'en sont rendus coupables auraient fourni habituellement aux criminels un logement, ou auraient recélé
habituellement les choses obtenues à l'aide d'un crime
ou d'un délit. On a considéré avec raison que cette

habitude sur laquelle les malfaiteurs peuvent compter d'avance équivaut à une promesse et les engage à exécuter leurs projets criminels. Il ne faut donc pas confondre les dispositions des articles 61, 62 et 63 avec celles des articles 99, 248 et 268, qui prévoient certains cas de recel accidentel.

Nous étudierons séparément les articles qui traitent des deux espèces de recel : le recel des personnes et celui des choses obtenues à l'aide d'un crime ou d'un délit. Nous verrons que si le Code a eu raison de considérer le premier de ces deux recels comme un fait de complicité, c'est à tort qu'il a appliqué les mêmes règles au second.

L'article 61 est ainsi conçu : « Ceux qui connais-» sent la conduite criminelle des malfaiteurs exer-» çant des brigandages ou des violences contre la » sûreté de l'Etat, la paix publique, les personnes ou » les propriétés, leur fournissent habituellement » logement, lieu de retraite ou de réunion, seront » punis comme leurs complices. »

L'origine de cette disposition légale se trouve dans le droit romain, loi 1, *de receptatoribus* ; mais il faut remarquer que l'on confondait à Rome le recel des malfaiteurs qui commettent des crimes et celui des coupables condamnés. Dans notre législation, au contraire, ces deux espèces de recel sont distincts ; nous n'avons à nous occuper, avec l'art. 61, que du recel des malfaiteurs non condamnés.

Du droit romain, les peines prononcées contre les recéleurs passèrent dans notre droit coutumier, et l'ordonnance de 1579, rendue principalement contre les protestants, punissait tous ceux qui donnaient asile aux criminels. Cette ordonnance très-sévère admettait cependant des exceptions en faveur des liens de parenté qui pouvaient unir le recéleur au coupable.

Le Code pénal de 1791 ne prévoyait pas le cas où des coupables auraient été recélés ; ce fait ne constituait donc, à cette époque, ni crime ni délit ; le Code de brumaire an IV laissait la même lacune ; aussi fut-on obligé, le 9 ventôse an XII, de faire une loi spéciale pour atteindre ceux qui recélaient Georges Cadoudal et Pichegru. Cette loi, votée unanimement par le Tribunat et le Corps législatif au milieu de l'émotion publique, se ressentit des causes qui l'avaient fait naître, et conserva l'empreinte d'une grande sévérité.

Le Code de 1810 déclara que le recel des coupables était une action punissable; mais le législateur n'osa pas aller aussi loin que la loi de ventôse an XII, et assimiler tous les recéleurs aux complices. Les sentiments qui font que l'on cède au désir de favoriser la fuite d'un coupable ou de l'empêcher d'être pris par la justice ont quelque chose de généreux en eux-mêmes. C'est pourquoi, dans la plupart des cas, le recéleur est puni d'une peine inférieure à celle du complice. Mais il est une certaine classe de recéleurs qui, faisant une profession lucrative de donner asile aux criminels, doivent être considérés comme de véritables complices, facilitant pour ainsi dire l'exécution du crime. Ceux-là, il n'y a aucune injustice à les frapper sévèrement, et le Code, ayant une fois admis le principe de l'assimilation, devait, pour être logique, appliquer à ce genre de recel la même peine qu'aux autres complices : c'est ce qui a été fait dans l'article 61.

Nous connaissons le texte de cet article; déterminons maintenant les caractères élémentaires et la pénalité de ce mode de complicité.

Il faut, pour constituer la complicité par recel, quatre conditions :

1° Le recéleur doit avoir connu la conduite des malfaiteurs qu'il aura reçus; autrement il ne pourrait être réputé coupable de les avoir accueillis, puisqu'il aurait été dans l'ignorance de leurs brigandages et de leurs violences.

2° Il n'est pas nécessaire, pour l'application de la pénalité, que le logement, le lieu de retraite ou de réunion, aient été fournis à une bande de malfaiteurs; il suffit qu'ils aient été fournis à des malfaiteurs épars. Ce sens de l'art. 61 paraît incontestable; il faudrait, pour interpréter autrement cette disposition, non-seulement ajouter au texte, mais encore méconnaître la pensée qui l'a inspirée (1). « L'art. 61, disait M. Riboud dans le rapport fait au Corps législatif le 13 février 1810, remplira une lacune importante du Code de l'assemblée constituante. Désormais la classe

_____

(1) Chauveau et Faustin Hélie, tome 1; Dalloz, n° 195. M. Carnot, tome 1ᵉʳ, page 194, émet une opinion contraire.

dangereuse des individus dont l'habitation sert d'asile
à des malfaiteurs, et qui leur fournissent habituellement logement, retraite ou point de réunion, sera assi-
milée aux complices. Si les malfaiteurs épars ne trouvaient pas ces repaires où ils se rassemblent, se
cachent, concertent leur crime, en déposent les fruits,
la formation de leurs bandes et leurs associations
seraient plus difficiles ou plus promptement décou-
vertes (1) ».

3° Le logement, le lieu de retraite ou de réunion
doivent avoir été fournis volontairement. Il est évident
que si le recéleur a cédé à une force majeure ou à la
violence, il cesse d'être responsable, aux termes de
l'art. 64 du Code pénal.

On s'est demandé si celui qui se bornait à fournir
des aliments à des malfaiteurs se rendrait coupable
du fait prévu par l'art. 61. Point de doute pour nous
que celui-là ne pourrait être considéré comme complice
qu'autant qu'au fait de donner la nourriture il join-
drait celui de les cacher et de leur ouvrir un lieu de
réunion. Telle est l'opinion de MM. Chauveau, Faustin Hélie, Dalloz, Le Sellyer, n° 648, et Carnot, n° 4.
Ce dernier, pour motiver cette décision, se fondait sur
ce que les législateurs n'avaient pas voulu que les criminels fussent indirectement condamnés à mourir de
faim avant d'avoir été reconnus coupables par la
justice. Nous ne croyons pas que ce motif seul ait
déterminé les législateurs à agir comme ils l'ont fait,

(1) Locré, tome XXIX, page 275.

et leur décision a certainement été motivée sur des raisons plus sérieuses.

L'art. 61 s'applique-t-il non-seulement au maître de la maison où sont reçus les malfaiteurs, mais encore aux gens placés sous sa dépendance? La négative n'est pas douteuse, lorsque c'est le maître de la maison qui s'est mis en rapport avec les malfaiteurs ; mais il faudrait décider autrement dans le cas où les domestiques et les gens placés sous la dépendance du maître auraient, à l'insu de ce maître, fourni le logement ou le lieu de retraite.

4° Il faut enfin, comme quatrième élément de la complicité par recel des malfaiteurs, que le logement ait été fourni habituellement. L'habitude est, ici, une des conditions essentielles de la culpabilité, sans laquelle la complicité ne saurait exister.

Telles sont les quatre conditions nécessaires pour qu'il y ait lieu d'appliquer les dispositions de l'art. 61 ; quant à la peine, ce sera celle de l'art. 59, c'est-à-dire la même que celle à laquelle seront condamnés les malfaiteurs. Les recéleurs de cette espèce sont, aux termes formels de la loi, considérés comme les autres complices et mis sur la même ligne qu'eux. Mais pour quels crimes ou quels délits le recéleur habituel des malfaiteurs est-il punissable? l'est-il pour tous ceux qui ont été commis par les malfaiteurs dans l'espace du temps pendant lequel il les a reçus? Aucun doute pour ceux-là, puisque ce sont ces crimes mêmes qui ont été facilités par le logement ou le lieu de retraite. Le recéleur sera-t-il puni pour les faits

antérieurs au moment où il a donné l'asile? Évidemment non (1), à moins, comme le fait remarquer
Le Sellyer, qu'il n'ait, par avance, promis de fournir
retraite lorsque le crime serait commis. Si les faits
postérieurssont trop éloignés du moment où l'accusé
a entièrement cessé de loger les malfaiteurs, pour que
l'on puisse considérer que ces faits ont été facilités
par le logement fourni, il serait trop rigoureux de
s'en servir comme d'une base pour appliquer les conséquences de la complicité.

§ 4, art. 62. *Recel des choses obtenues à l'aide d'un
crime.*

Nous avons signalé, avant d'étudier l'art. 61, une
inconséquence commise par les législateurs. En effet,
des faits postérieurs à un crime ou à un délit ne
peuvent être punis comme des faits de complicité
qu'autant qu'ils ont facilité ou favorisé l'exécution de
ce crime ou de ce délit. C'est avec raison, avons-nous
dit, que le recéleur habituel de malfaiteurs a été rangé
dans la catégorie des complices, tandis que le recel
accidentel est resté un délit spécial et puni de peines
particulières. Pour ne pas s'éloigner de ces principes,
le Code aurait dû, dans l'art. 62, reproduire la même
distinction, rejeter hors de la classe des complices
celui qui, accidentellement, a recélé des objets obtenus à l'aide d'un crime; il eût fallu faire de l'habitude un élément essentiel de ce mode de complicité;

(1) Dalloz, n° 201 ; Carnot, n° 9 ; Rossi, tome ii, livre ii, chap. 40;
Chauveau et Faustin Hélie, tome 1er ; Bottard, page 303 ; Le Sellyer,
n° 696.

ce n'est point ce qui a été fait, et nous pouvons tout d'abord signaler une contradiction amenée par cette erreur. Supposons qu'une mère recèle des objets volés par son fils à la suite d'un assassinat. Comme, en matière de recel d'objets, l'habitude n'est pas un élément constitutif, cette mère sera condamnée comme complice d'assassinat. Si elle avait recélé le malfaiteur lui-même, elle n'aurait pas pu être condamnée comme complice, parce qu'il n'y aurait pas eu d'habitude, et on n'eût même pas pu lui appliquer les peines de l'art. 248, parce qu'elle était garantie par l'exception contenue dans le dernier alinéa de cet article.

L'art. 62 est ainsi conçu : « Ceux qui sciemment » auront recélé, en tout ou en partie, des choses en- » levées, détournées ou obtenues à l'aide d'un crime » ou d'un délit, seront aussi punis comme complices » de ce crime ou délit. »

Cette pénalité, édictée par notre Code, était admise par la législation romaine, qui qualifiait ainsi les recéleurs : « *Pessimum genus est receptatorum.* » (Loi 7, au Digeste, *de receptatoribus.*) Cette même loi ajoutait : « *Puniuntur atque latrones.* »

L'ancienne jurisprudence française consacra le même principe, et les docteurs tentèrent vainement de l'adoucir par d'ingénieuses distinctions (1).

Le Code de 1791 maintint dans toute sa rigueur le

(1) Faunacius, question 123, n° 11 ; Julius Clarus, question 9 ; Barthole, Baldus et Paul de Castro.

principe romain, mais il ne l'appliquait qu'aux recéleurs des objets enlevés à l'aide du vol.

L'art. 62 du Code de 1810 est plus complet, puisqu'il atteint non-seulement le recéleur des objets obtenus à l'aide d'un vol, mais encore celui des objets
enlevés à l'aide d'un crime ou délit quelconque,
comme le faux (1) ou l'escroquerie.

Bien que cette disposition de la loi soit générale et
absolue, il est clair qu'elle cessera d'être applicable
aux matières dans lesquelles le recélé, pour être punissable, devra revêtir des caractères particuliers.
Ainsi, dans la banqueroute frauduleuse, l'art. 403 du
Code pénal ne punit que les faits de complicité spéci-
fiés par l'art. 593 du Code de commerce. Il ne suffira
pas que le recéleur puisse être déclaré coupable du
fait qualifié par l'art. 62, il faudra que l'on prouve
contre lui qu'il a exécuté le recélé dans l'intérêt du
failli. Si le recélé n'a pas eu lieu dans cet intérêt, il
pourra bien, dans certains cas, et suivant les circonstances, être considéré comme un crime ou un délit,
un vol par exemple, mais assurément il ne pourra
pas constituer un fait de complicité de banqueroute
frauduleuse (2). Avant la loi de 1838, il fallait non-
seulement que le recélé eût eu lieu dans l'intérêt du
failli, mais on exigeait encore qu'il y eût eu entre ce
failli et le recéleur une entente préalable. Ce concert,
d'après la nouvelle loi, n'est plus exigé, et il suffit

(1) Cassation, 16 mai 1828.
(2) Cassation, 18 mars 1852.

qu'il soit constaté que le recélé a eu lieu dans l'intérêt du failli. Quant aux autres faits de complicité de banqueroute frauduleuse, le Code de commerce n'y a rien changé, et ils sont régis par l'art. 60; il faut seulement que la qualité de commerçant soit reconnue au failli, et que les éléments de la complicité légale soient constatés (1).

La circonstance constitutive du recel des choses obtenues à l'aide d'un crime ou d'un délit est la connaissance que la chose recélée provenait d'un crime ou d'un délit. Il y a recel, soit que le recéleur ait acheté ou non ces objets (2), soit qu'il en ait ou n'en ait pas profité (3) ; il suffit qu'il les ait reçus volontairement, sachant qu'ils étaient le produit d'une action criminelle. Il est indifférent que le recéleur ne sache pas au juste par quel crime ou par quel délit ces objets ont passé entre les mains de l'auteur principal ; qu'il s'imagine, par exemple, qu'ils ne sont que le produit d'un vol simple, tandis qu'ils ont été obtenus à l'aide d'un faux ou d'un crime plus grave. Dès qu'il sait que les objets qu'il recèle ont une origine criminelle ou délictueuse, il est complice du crime ou du délit.

Pour que le recel existe, il n'est pas nécessaire qu'il ait eu pour objet tout le produit du crime ou du délit préexistant ; il suffit qu'il se soit appliqué à une

---

(1) Cassation, 18 octobre 1842, 21 décembre 1837 et 8 octobre 1853.

(2) Cassation, 22 octobre 1809, 1er septembre 1827.

(3) Cassation, 25 février 1810.

—9

partie des choses enlevées. Il résulte de là que le même individu peut être successivement poursuivi à raison de plusieurs recélés particls se rattachant à un même crime ou délit (1).

Nous avons dit qu'il fallait que le recéleur, pour être punissable, ait eu connaissance de l'origine criminelle des objets. À quel moment faut-il que cette connaissance ait existé? faut-il que ce soit au moment où les objets arrivent dans la main du recéleur, et la connaissance survenant après ce moment suffirait-elle pour rendre coupable le recéleur? MM. Carnot, Chauveau et Faustin Hélie pensent que la connaissance survenue postérieurement est impuissante à rendre coupable un fait qui, dans l'origine, ne l'était pas, puisqu'aux termes de l'art. 62, il faut que la connaissance ait eu lieu au temps du recel. Cette décision nous paraît mauvaise. Le recel est un fait continu ; il subsiste et se renouvelle chaque jour, pendant tout le temps durant lequel les objets restent cachés. Si le recéleur a agi avec honnêteté, il doit, au moment où il apprend la source des objets qu'il détient, s'en défaire, sous peine d'être condamné comme complice. Il est vrai que cette manière d'interpréter la loi peut paraître rigoureuse ; dans certains cas, en effet, la culpabilité sera moins grande lorsque l'on n'aura fait que conserver des objets dont on ignorait d'abord l'origine criminelle ; mais alors la peine pourra facilement être tempérée avec l'aide des circonstances atténuantes.

(1) Cassation, 20 décembre 1811.

On peut quelquefois éprouver de l'embarras pour distinguer si les faits établis par l'instruction constituent un fait de recel ou un fait principal de vol ou d'abus de confiance : c'est le cas où le produit d'un crime ou d'un délit préexistant a été appréhendé ou détourné par un tiers, au préjudice de l'auteur de ce crime ou de ce délit. Ce tiers a-t-il commis un vol, un abus de confiance, ou bien a-t-il recélé le produit du crime ou du délit ? Il faut se demander d'abord, pour résoudre cette question, si le tiers ignorait ou connaissait la provenance criminelle des objets.

Dans le premier cas, il ne peut y avoir recel, puisque la connaissance de l'origine criminelle est un des éléments constitutifs du recel ; mais il pourrait y avoir soit un vol, soit un abus de confiance.

Dans le second cas, le tiers détenteur des objets se sera d'abord rendu coupable de recel, et, de plus, il aura commis, selon les circonstances, soit un vol, soit un abus de confiance ; il aura donc à encourir deux peines, dont la plus forte seulement devra lui être appliquée. Ces principes ont été posés dans un arrêt de la Cour de cassation du 7 février 1834.

Plusieurs autres questions peuvent s'élever à l'occasion de l'art. 62.

La femme qui recèle un objet volé par son mari est-elle complice ? L'affirmative ne doit pas être douteuse. Notre Code n'a pas reproduit les anciennes exceptions introduites dans le droit coutumier en faveur des parents de ceux qui avaient commis le crime ou le délit. D'ailleurs le mobile de la femme est, le plus souvent, immoral ; la femme connaît presque toujours à l'avance les projets de son mari (1). Il est vrai que la cohabitation de la femme et du mari rendra diffi- cile la preuve du recel ; car il ne suffira pas de trouver chez elle l'objet volé, il sera nécessaire que les objets aient été recélés par elle-même, sciemment et volon- tairement, questions qui rentrent surtout dans l'ap- préciation du jury (2). C'est à tort que l'on argumente, contre cette solution, de l'art. 248, qui crée une excep- tion en faveur de l'époux qui a recélé son époux cou- pable. Cet article consacre une dérogation au droit commun, qui ne peut s'appliquer qu'au cas spécial pour lequel elle a été faite.

La généralité des termes de l'art. 62 atteint-elle ceux qui recèlent en France des objets enlevés, détournés ou obtenus à l'aide des crimes ou des délits commis en pays étranger ? S'agit-il d'un crime qui, d'après les art. 5, 6 et 7 du Code d'instruction crimi- nelle, pourra être poursuivi en France? l'art. 62 sera applicable aux recéleurs des choses obtenues à l'aide de ce crime. S'agit-il, au contraire, d'un crime qui ne peut pas être réprimé en France ? l'article 62 cessera d'être applicable; car, si la condamnation du complice n'est pas subordonnée à celle de l'auteur principal, il est indispensable cependant que le fait principal soit jugé contradictoirement avec le complice. Or,

(1) Cassation , 13 mars 1821 , 14 octobre 1826.
(2) Cassation, 23 mars 1834.

dans cette seconde hypothèse, les tribunaux français sont incompétents à l'égard de ce fait (1).

Un projet de loi actuellement soumis à la Chambre des députés (2) aura pour résultat d'étendre considé-

(1) 17 octobre 1834.

(2) *Projet de loi concernant les crimes et délits commis à l'étranger.* Les articles 5, 6 et 7 du Code d'instruction criminelle sont abrogés, et seront remplacés ainsi qu'il suit.

ART. 5. — Tout Français qui, hors du territoire de la France, s'est rendu coupable d'un crime ou d'un délit puni par la loi française, peut être poursuivi et jugé en France.

Toutefois, lorsqu'il s'agit d'un crime ou d'un délit commis contre un particulier français ou étranger, aucune poursuite n'a lieu, si l'inculpé prouve qu'il a été jugé définitivement à l'étranger pour les mêmes faits, et qu'en cas de condamnation il a subi ou prescrit sa peine.

En cas de délit commis contre un particulier français ou étranger, la poursuite ne peut être intentée qu'à la requête du ministère public. Elle doit être précédée d'une plainte de la partie offensée, ou d'une dénonciation officielle à l'autorité française par l'autorité du pays où le délit a été commis.

En cas de crime ou de délit commis contre un particulier français ou étranger, aucune poursuite n'a lieu avant le retour de l'inculpé en France.

ART. 6. — La poursuite est intentée à la requête du ministère public du lieu où réside le prévenu, ou du lieu où il peut être trouvé.

Néanmoins la Cour de cassation peut, sur la demande du ministère public ou des parties, renvoyer la connaissance de l'affaire devant une cour ou un tribunal plus voisin du lieu du crime ou du délit.

ART. 7. — Tout étranger qui, hors du territoire de la France, se sera rendu coupable, soit comme auteur, soit comme complice, d'un crime attentatoire à la sûreté de l'État ou de contrefaçon du sceau de l'État, de coins destinés au monnayage ou à la marque des matières

rablement le nombre des crimes et des délits commis à l'étranger qui pourront être réprimés par les tribunaux français ; ce projet de loi aura, en notre matière, cette conséquence de faire tomber sous l'application de l'art. 62 des recéleurs ou complices qui, aujourd'hui, y sont soustraits. Aux termes des art. 5 et 7 du Code d'instruction criminelle, peuvent seulement être poursuivis devant les tribunaux français : 1° les Français qui se sont rendus coupables, hors du territoire, d'un crime attentatoire à la sûreté de l'État, de contrefaçon du sceau de l'État, de monnaies nationales ayant cours, de papiers nationaux, de billets de banque autorisés par la loi ; 2° ceux qui se sont rendus coupables, hors du territoire, d'un crime contre un Français, pourvu qu'ils n'aient pas été poursuivis et jugés à l'étranger, et si le Français offensé porte plainte contre lui.

Si le nouveau projet est adopté, non-seulement on pourra poursuivre les auteurs et complices des crimes prévus par les art. 5 et 7, mais encore tout Français qui aura, à l'étranger, commis comme auteur ou comme complice, soit un crime, soit un délit quelconque. De plus, il ne sera pas nécessaire que le crime ou le délit commis l'ait été au préjudice d'un Français; il sera punissable alors même que la personne offensée serait étrangère. C'est donc, en résumé, l'extension aux

métalliques de monnaies nationales ayant cours, de papiers nationaux, de billets de banque autorisés par la loi, pourra être poursuivi et jugé d'après les dispositions des lois françaises, s'il est arrêté en France ou si le gouvernement obtient son extradition.

délits des dispositions qui ne concernent actuellement que les crimes ; et la protection, qui n'était établie qu'en vue des Français, accordée même aux étrangers qui auraient été victimes d'un acte commis par l'un de nos concitoyens.

§ 5, art. 63. — Nous avons vu que les règles générales de la complicité s'appliquent aux recéleurs ; c'est ainsi qu'ils doivent supporter les conséquences des circonstances aggravantes inhérentes soit aux crimes ou délits, soit aux auteurs principaux de ces crimes ou délits.

Cette règle qui découle de l'art. 59, et dont nous avons déjà, dans certains cas, signalé la rigueur et l'injustice, a reçu, en matière de recel, plusieurs dérogations. Ces dérogations sont inscrites dans l'art. 63, ainsi conçu : « Néanmoins la peine de mort, lors- » qu'elle sera applicable aux auteurs des crimes, » sera remplacée, à l'égard des recéleurs, par celle » des travaux forcés à perpétuité. Dans tous les cas, » les peines des travaux forcés à perpétuité ou de la » déportation, lorsqu'il y aura lieu, ne pourront être » prononcées contre les recéleurs qu'autant qu'ils » seront convaincus d'avoir eu, au temps du recélé, » connaissance des circonstances auxquelles la loi » attache les peines de mort, des travaux forcés à per- » pétuité et de la déportation ; sinon, ils ne subiront » que la peine des travaux forcés à temps. »

D'après les termes de cet article, la première excep- tion au droit commun est que, dans aucun cas, le recéleur n'encourt la peine de mort. Le Code de 1810 n'admettait pas cette exception dans une mesure aussi large. S'il défendait, en effet, de prononcer la peine de mort contre les recéleurs qui n'étaient pas convaincus d'avoir eu connaissance des circonstances entraînant pour l'auteur principal cette peine, il l'ordonnait contre le recéleur qui ne les avait pas ignorées (1). L'art. 63 du Code revisé en 1832 ne distingue pas entre les recéleurs qui ont eu connaissance des circonstances aggravantes et ceux qui ne les ont pas connues. De plus, la loi de 1832 a étendu aux recéleurs des malfaiteurs cette disposition, qui ne s'appliquait qu'aux recéleurs des objets. Dans aucun cas la peine de mort ne peut être prononcée. Néanmoins, même sous l'empire de la loi de 1832, la connaissance ou la non-connaissance des circonstances aggravantes auront une influence sur le sort des recéleurs, et c'est cette différence qui constitue la seconde exception au droit commun.

D'après la première partie de l'article, la peine de

(1) Sous le Code de 1810, on avait contesté ce résultat de l'art. 63, et il a fallu, après plusieurs renvois de cassation, obtenir un avis du conseil d'Etat formulant et expliquant la théorie de l'article. Il fut alors constaté que la peine de mort devait être prononcée dans le cas où le recéleur avait connu les circonstances aggravantes qui entraînaient cette peine pour l'auteur principal.

Voyez arrêt de la Cour d'assises du Zuiderzée, 26 août 1812, cassé le 29 octobre 1812; arrêt de la Cour d'assises des Bouches de la Meuse, statuant comme celle du Zuiderzée, décision qui a été cassée le 12 avril 1813; enfin arrêt de la Cour d'assises de la Dyle, conforme aux arrêts des deux autres cours d'assises.—Avis du conseil d'Etat du 18 décembre 1813.

mort doit être remplacée par celle des travaux forcés à perpétuité. D'un autre côté, nous voyons, dans le second alinéa, que, toutes les fois que la peine sera celle des travaux forcés à perpétuité ou de la détention, on ne devra prononcer que la peine des travaux forcés à temps, lorsque le recéleur n'aura pas eu connaissance des circonstances aggravantes entraînant l'une ou l'autre de ces peines. On ne peut lire les deux alinéas de l'art. 63 sans être étonné de la contradiction qui y existe. La loi a deux poids et deux mesures. Il s'agit de savoir si le recéleur sera ou non complice des circonstances aggravantes qu'il n'a pas connues ; le législateur répond oui, s'il s'agit de peines temporaires ; non, s'il s'agit de peines perpétuelles. Sur quoi repose cette distinction ? On ne peut trouver à cet égard aucune raison satisfaisante. Pourquoi n'avoir pas étendu à tous les cas ce principe si juste, qu'on ne peut participer qu'à des choses que l'on connaît ? Néanmoins on doit rendre justice à l'esprit qui a dicté cette dérogation au principe inique de l'article 59, et regretter que cette dérogation n'ait pas reçu une plus grande extension.

Il est important de faire remarquer, à propos de cette seconde exception, que les législateurs auraient dû, lors de la révision du Code pénal en 1832, réformer en un point les termes de l'article 63. Le Code de 1810 n'avait pas créé deux espèces de peines, l'une pour les crimes et délits ordinaires, et l'autre pour les crimes et délits politiques. Aujourd'hui, la déportation forme un des degrés de l'échelle des peines politiques, qui sont : la mort, la déportation, la détention, le bannissement, la dégradation civique. Il eût donc fallu substituer à la déportation, pour les recéleurs en matière politique, une peine politique d'un degré inférieur, la détention, par exemple ; et non pas, comme on l'a laissé subsister, la peine des travaux forcés à temps, peine qui ne se trouve pas au nombre des peines politiques. C'est là une contradiction manifeste avec l'esprit général de notre Code ; mais les tribunaux ne peuvent pas se permettre d'y remédier.

Nous venons d'étudier la théorie générale de la complicité d'après notre Code, telle qu'elle doit s'appliquer en l'absence de textes spéciaux. Nous allons parcourir, dans les paragraphes suivants, les principaux cas de complicité dérogeant] au droit commun en cette matière, et nous indiquerons les difficultés que présentent certains textes particuliers.

§ 6, art. 380. *Soustractions frauduleuses entre époux veufs, ascendants, descendants, alliés au même degré.* — L'art. 380 du Code pénal est ainsi conçu : « Les » soustractions commises par des maris au préju- » dice de leurs femmes, par des femmes au préjudice » de leurs maris, par un veuf ou une veuve quant » aux choses qui avaient appartenu à l'époux décédé, » par des enfants ou autres descendants au pré- » judice de leurs pères ou mères ou autres ascendants, » par des pères et mères ou autres ascendants au » préjudice de leurs enfants ou autres descendants, » ou par des alliés aux mêmes degrés, ne pourront

» donner lieu qu'à des réparations civiles. A l'égard
» de tous les autres individus qui auraient recélé ou
» appliqué à leur profit tout ou partie des objets
» volés , ils seront punis comme coupables de vol. »

D'après ce texte, on voit : 1° que certaines personnes, en vue d'un intérêt social et pour protéger
l'honneur des familles, sont soustraites à l'action du
ministère public pour les vols qu'elles auront commis ;
2° que les complices de ces vols ou soustractions doivent profiter de cette impunité, pourvu qu'ils n'aient
pas recélé ou appliqué à leur profit tout ou partie
des objets volés : c'est là ce qui constitue une exception au droit commun.

Cette dernière conséquence, consacrée, du reste,
par la jurisprudence (1), résulte du texte formel de la
loi. Le législateur ne s'est pas borné à indiquer les
personnes qui ne peuvent pas être poursuivies ; il indique, dans le second alinéa, les personnes indignes
de cette faveur : ce sont seulement les recéleurs ou
ceux qui auront profité de tout ou partie des objets
volés.

Sur ce point, et à propos des recéleurs, se rencontre
une difficulté ; il est certain qu'ils doivent être punis ;
mais comment doivent-ils l'être? Sont-ce les peines
du vol simple que le recéleur encourt dans ce cas,
ou celles du vol ordinaire, c'est-à-dire du vol dont la
peine est augmentée par les circonstances aggravantes? M. Carnot, se renfermant dans la lettre du

(1) Paris, 24 mai 1830; Nancy, 20 janvier 1840.

texte, pense que l'article 380 crée, à l'égard du recéleur, un délit spécial dont il fixe la pénalité en disant qu'ils sont coupables de vol. On répond, et avec raison, que, si la lettre de la loi peut amener à cette conclusion, l'esprit de cette même loi s'y refuse ouvertement. En disant que les recéleurs seront punis comme coupables de vol, les législateurs ont entendu parler du vol qui a été commis, c'est-à-dire accompagné de toutes ces circonstances aggravantes. Quelle raison, au surplus, auraient-ils eue de déroger, dans ce cas spécial, à la théorie injuste, il est vrai, mais cependant incontestablement établie, qui veut que le recéleur subisse les effets des circonstances aggravantes, sauf les cas de l'art. 63 ? Il faudrait, pour motiver cette dérogation, un texte plus formel que celui de l'art. 380 (1).

§ 7, art. 336, 337, 338. *De l'adultère.* — La complicité en matière d'adultère est régie par des règles particulières qui dérogent au droit commun.

Les trois articles qui fixent ces règles sont ainsi conçus :

Art. 336. « L'adultère de la femme ne pourra être dénoncé que par le mari ; cette faculté même cessera s'il est dans le cas prévu par l'art. 339. »

Art. 337. « La femme convaincue d'adultère subira la peine de l'emprisonnement pendant trois mois au moins et deux ans au plus. Le mari restera le maître d'arrêter l'effet de cette condamnation en consentant à reprendre sa femme. »

(1) Cassation, 8 octobre 1818, 24 mars 1838.

Art. 338. « Le complice de la femme adultère sera puni de l'emprisonnement pendant le même espace de temps, et, en outre, d'une amende de 100 fr. à 2,000 fr. — Les seules preuves qui pourront être admises contre le prévenu de complicité seront, outre le flagrant délit, celles résultant de lettres ou autres pièces écrites par le prévenu. »

Les exceptions au droit commun consacrées dans ces trois articles sont au nombre de quatre :

1re *exception*. — Le complice, contrairement à l'article 59, peut être puni plus sévèrement que la femme ; car il peut être condamné non-seulement à la même durée de l'emprisonnement, mais encore à une amende de 100 à 2,000 fr.

2e *exception*. — L'action du ministère public contre le complice dépend du mari. Celui-ci tient, en effet, dans sa main le sort du complice ; s'il ne dénonce pas l'adultère de sa femme, le ministère public est impuissant à poursuivre l'adultère et la complicité d'adultère. Il est bien certain qu'à l'égard de la femme, le mari a le droit de suspendre l'action publique ; mais, s'il a porté une plainte contre la femme seulement, le ministère public a-t-il le droit de poursuivre d'office le complice ? M. Carnot répond négativement ; nous croyons avec la Cour de cassation, arrêt du 17 janvier 1829, que le complice peut et doit être poursuivi. Le motif qui a fait conférer au mari le droit de *veto* contre l'action du ministère public par rapport à la femme, c'est la crainte du scandale et du déshonneur qui retombe sur le mari lui-même ; mais, lorsque ce dernier a porté au grand jour le crime de sa femme, la poursuite du complice, outre qu'elle est le plus souvent nécessaire pour arriver à la preuve de l'adultère, n'augmente en rien le scandale public; il y aurait même une injustice très-grande, lorsque le délit d'adultère est prouvé, et que ce délit n'a pu être commis que par deux personnes, de voir l'une de ces personnes impunie et l'autre à l'abri de toute condamnation, et cela par suite de la volonté seule du mari.

3e *exception.* — Le sort du complice est lié au sort de la femme; l'un ne peut être poursuivi, si l'autre ne l'est pas. D'après les principes de la complicité ordinaire, on peut poursuivre le complice indépendamment de l'auteur principal; en matière d'adultère, cela ne peut pas être, parce que ce serait permettre au ministère public d'intervenir dans des affaires où l'initiative est réservée au mari, dont le silence a pour effet de faire considérer le crime comme n'existant pas légalement. Un autre motif fait encore déroger à cette règle de la complicité qui permet de poursuivre le complice sans que l'auteur principal soit ou poursuivi ou condamné : c'est que l'adultère est un de ces délits dans lesquels la culpabilité de l'auteur principal est nécessaire pour constituer le fait même du délit.

Quelles sont les conséquences de ce principe pour les complices, dans les cas de pardon, de réconciliation et de désistement du mari?

Pardon. — Le mari, même après la condamnation

de la femme, a le droit de pardonner et d'empêcher ainsi, par rapport à elle, l'effet de la condamnation ; mais ce droit de pardon ne s'étend pas jusqu'au complice (1). Toutefois, même après la condamnation, le pardon du mari pourrait intervenir utilement, même à l'égard du complice, si ce dernier et la femme faisaient appel ; car, l'appel remettant tout en question, le mari pourrait retirer sa plainte. (Arrêt du 12 juin 1830.)

Désistement. — Le mari a le droit, avant toute condamnation, de se désister de la plainte qu'il a portée contre sa femme. On a, pendant quelque temps, contesté cet effet du désistement ; mais la Cour de cassation, le 7 août 1823, a déclaré formellement que « l'action du ministère public cesse d'avoir un » caractère légal, lorsque, pendant les poursuites, le » mari retire sa dénonciation par une plainte for- » melle. » L'effet de ce désistement profite également au complice, car la condamnation de ce dernier serait la condamnation morale de la femme et détruirait la présomption d'innocence établie par la loi (2).

Réconciliation. — Les effets de la réconciliation, tant à l'égard de la femme qu'à l'égard du complice, sont les mêmes que ceux du désistement ; c'est ce

(1) Legraverend, Rauter, Mangin, Faustin Hélie.—Arrêt du 17 janvier 1829.

(2) Cassation, arrêt du 28 juin 1839.

que décide la Cour de cassation : « attendu qu'en
» matière d'adultère, l'exception de réconciliation
» appartient également à la femme et au complice,
» puisqu'elle forme une fin de non-recevoir péremp-
» toire contre la plainte du mari, sans laquelle l'ac-
» tion du mari n'est jamais admissible. »

La difficulté suivante s'est présentée au sujet de
l'indivisibilité du sort du complice et de la femme.
Voici l'hypothèse : Une condamnation a été prononcée
contre la femme adultère et son complice. Le complice
seul a interjeté appel ; le jugement de police correctionnelle a acquis, à l'égard de la femme, l'autorité
de la chose jugée. Quel sera, en pareille circonstance,
l'effet du pardon du mari ? doit-il profiter au complice ?

Nous pensons, avec la Cour de cassation, que le
pardon ainsi intervenu ne saurait profiter au complice. Le fait d'adultère, par suite de l'expiration du
délai sans appel de la femme, est, quant à elle, légalement et judiciairement établi ; le pardon, à son
égard, peut l'affranchir de l'obligation d'exécuter la
peine ; mais le délit est devenu une vérité judiciaire :
le pardon dont elle a été l'objet peut être considéré
comme la grâce qui serait accordée par le souverain.
Quelle raison y aurait-il d'étendre au complice une
faveur que le mari n'a entendu attribuer qu'à sa
femme ? Dira-t-on que la poursuite du complice en
appel, en faisant commencer les débats, expose le
mari à un second scandale ? Le mal est déjà produit,

et si le mari l'avait redouté, il aurait exercé son droit de *veto* (1).

4° *exception*. — La preuve de la complicité, en général, n'est soumise à aucune règle spéciale ; en matière d'adultère, cette preuve est très-limitée : « Il » importait, a dit l'orateur du Corps législatif, de » fixer la nature des preuves qui pourraient être admises pour établir une complicité que la malignité » se plaît trop souvent à trouver dans des indices frivoles. »

Ces preuves sont de deux natures : le flagrant délit et les lettres ou pièces écrites par le prévenu.

Que faut-il entendre par flagrant délit? D'après l'article 41 du Code d'instruction criminelle, c'est le délit qui se commet actuellement ou vient de se commettre. Faut-il que le flagrant délit soit immédiatement constaté par un procès-verbal ou l'audition de témoins, conformément aux articles 32 et 49 du même Code d'instruction criminelle? La jurisprudence a varié sur cette question (2). Néanmoins la Cour de cassation a décidé que le juge pouvait apprécier le flagrant délit par des faits postérieurs (22 septembre 1837 et 25 septembre 1847).

On n'est pas plus d'accord pour savoir ce qui constitue les pièces écrites. Ainsi on a décidé que le juge ne devra admettre que des pièces écrites bien avérées ;

(1) Paris, 17 janvier 1820 ; Cassation, 20 avril 1854, MM. Chauveau et Faustin Hélie combattent cette doctrine.

(2) Affirmative, Angers, 8 mai 1820 ; négative, Poitiers, 4 février 1837 ; Paris, 8 juin 1837, et Orléans, 15 juillet 1837.

qu'il ne faut point admettre les lettres écrites par la femme au complice et annotées par celui-ci, les lettres écrites pour le complice par un tiers (23 mars 1826), ni même l'interrogatoire signé par le prévenu et contenant l'aveu du délit, car il n'a pas toute sa liberté morale. (Paris, 18 mars 1829)

Telles sont, en fait d'adultère, les principales dérogations aux règles de la complicité. Quelques auteurs se sont demandé si la concubine entretenue dans le domicile conjugal par le mari peut être poursuivie comme complice. MM. Carnot et Rauter (1) soutiennent la négative, et ont pour eux un arrêt de la Cour de Paris du 6 avril 1842, motivé sur ce que les articles 336 à 339 auraient apporté de nouveaux principes en matière de complicité. Cette doctrine repose sur une base fausse. Il est vrai que les articles 336 à 339 ont dérogé, en certains points que nous avons indiqués, aux règles ordinaires; mais tous les faits que ces articles n'ont pas prévus rentrent sous l'application de la loi générale ; or aucune exception n'a été introduite en faveur de la concubine entretenue dans le domicile conjugal, faveur qui, au surplus, n'aurait eu aucune raison d'être (2).

§ 8, art. 334 et 357. *Prostitution, rapt.* — L'art. 334 du Code pénal punit, pour excitation à la débauche, ceux qui font métier de procurer habituellement des filles mineures au-dessous de 21 ans, et, en général,

(1) Carnot, Code pénal, art. 339, n° 10 ; Rauter, Cours de droit criminel, tome II, page 473.

(2) MM. Chauveau et Faustin, Hélie ; Bedel, n°56.

tous ceux qui excitent ou facilitent la débauche des
mineurs de l'un ou l'autre sexe. Il est reconnu aujour-
d'hui par la jurisprudence que cet article est inapplicable à ceux qui ne font que chercher la satisfaction
de leurs passions personnelles. Mais les règles générales de la complicité sont-elles du moins applicables, et le séducteur qui se sert d'un intermédiaire
pour arriver à son but immoral peut-il être considéré
comme complice? M. le procureur général Dupin a
soutenu que cet acte était licite, parce que, selon lui,
la complicité en cette matière est régie par des principes particuliers. Ces principes particuliers ne sont
posés nulle part en matière d'excitation à la débauche;
en leur absence, nous croyons que les articles 59 et
suivants reprennent tout leur empire. C'est ainsi que
l'ont décidé plusieurs arrêts de la Cour de cassation,
notamment ceux du 5 novembre 1841, du 29 avril
1842 et du 10 novembre 1860. On a élevé contre la
théorie de ces arrêts de violents reproches, tirés du
danger qui peut en résulter pour la tranquillité des
familles et du nombre considérable de poursuites
qu'une semblable jurisprudence autoriserait. Nous
répondrons à cela qu'en matière pénale la question
n'est pas de savoir si les faits à punir se reproduisent
plus ou moins souvent, mais bien s'ils sont coupables
et prévus par les lois. En second lieu, comme le fait
remarquer M. Faustin Hélie, il faudra, pour que le
séducteur soit puni : 1° qu'il ait employé l'un des
modes de complicité prévus par l'article 60 ; 2° qu'il

ait participé à tous les actes nécessaires pour constituer le délit, et, par conséquent, à l'habitude, qui doit caractériser les actes du proxénète. Cette double condition est une garantie suffisante que l'application de la loi ne donnera pas lieu à des poursuites indiscrètes et vexatoires.

L'article 357 du Code pénal établit en faveur du ravisseur qui épouse la fille mineure qu'il a enlevée une exception qui arrête l'action publique. En est-il de même à l'égard des complices, et le mariage du ravisseur suffit-il pour les mettre à l'abri de toute poursuite ? Un arrêt de la Cour d'assises de la Seine du 26 mars 1834 a refusé d'étendre au complice l'exception de l'article 357. La Cour de cassation, par arrêt du 2 octobre 1852, a, avec raison, établi une jurisprudence contraire : « Attendu, dit-elle, que
» l'exception établie par l'article 357 n'est point une
» excuse personnelle au ravisseur ; que c'est le ma-
» riage même, contracté à la suite du rapt, que la loi
» a voulu protéger, puisqu'elle ne permet l'exercice
» de l'action criminelle qu'après que la nullité du
» mariage a été prononcée ; que cette disposition
» s'applique donc non-seulement à l'auteur principal,
» mais encore aux complices de l'enlèvement, puisque
» toute poursuite relative au fait qui a précédé le
» mariage, même restreinte aux seuls complices, au-
» rait pour résultat nécessaire d'affaiblir le respect
» qui lui est dû et de porter le trouble dans la fa-
» mille ; que la loi, dans une vue d'ordre général, a

» subordonné, dans cette circonstance, l'intérêt de la
» répression du crime à l'intérêt de la stabilité et de
» l'union de la famille. »

§ 9, art. 66 et 67. — Ces articles dérogent au principe général de l'art. 59. Avant 16 ans, l'homme n'a
pas atteint tout son développement moral et intellectuel. Aussi la loi permet-elle au juge d'apprécier
s'il y a eu ou non le discernement qui, seul, constitue
la culpabilité. Dans certains cas, les juges décideront
qu'il y a eu absence totale de discernement, et alors
ils acquitteront ; dans d'autres cas, le discernement a
pu exister, mais d'une manière incomplète ; alors la
peine est adoucie. Cet adoucissement de la peine sera
toujours appliqué au complice mineur de 16 ans ;
mais jamais, ainsi que nous l'avons vu, cette faveur
ne pourra s'étendre au majeur complice d'un mineur.

§ 10, art. 177, 179. *Corruption de fonctionnaires publics.* — L'art. 177 est, d'après la nouvelle loi de 1863,
ainsi conçu :

« Tout fonctionnaire public de l'ordre administratif
» ou judiciaire, tout agent ou préposé d'une admi-
» nistration publique qui aura agréé des offres ou
» promesses, ou reçu des dons ou présents pour faire
» un acte de sa fonction ou de son emploi même
» juste, mais non sujet à salaire, sera puni de la dé-
» gradation civique et condamné à une amende
» double de la valeur des promesses agréées ou des
» choses reçues, sans que ladite amende puisse être
» inférieure à 200 francs.

» La présente disposition est applicable à tout fonc-

» tionnaire, agent ou préposé de la qualité ci-dessus
» exprimée, qui, par offres ou promesses agréées,
» dons ou présents reçus, se sera abstenu de faire
» un acte qui entrait dans l'ordre de ses devoirs.

» Sera puni de la même peine tout arbitre ou ex-
» pert nommé soit par le tribunal, soit par les par-
» ties, qui aura agréé des offres ou promesses ou reçu
» des dons ou présents pour rendre une décision ou
» donner une opinion favorable à l'une des parties. »

De son côté, l'article 179, également modifié par la
loi de 1863, s'exprime ainsi :

« Quiconque aura contraint ou tenté de contraindre
» par voies de fait ou menaces, corrompu ou tenté
» de corrompre par promesses, offres, dons ou pré-
» sents, l'une des personnes de la qualité exprimée
» en l'article 177, pour obtenir soit une opinion fa-
» vorable, soit des procès-verbaux, états, certificats
» ou estimations contraires à la vérité, soit des places,
» emplois, adjudications, entreprises ou autres bé-
» néfices quelconques, soit tout autre acte du mi-
» nistère du fonctionnaire, agent ou préposé, soit
» enfin l'abstention d'un acte qui rentrait dans l'exer-
» cice de ses devoirs, sera puni des mêmes peines
» que la personne corrompue.

» Toutefois, si les tentatives de contrainte ou cor-
» ruption n'ont eu aucun effet, les auteurs de ces ten-
» tatives seront simplement punis d'un emprisonne-
» ment de trois mois au moins et de six mois au
» plus, et d'une amende de 100 fr. à 300 fr. »

La modification apportée à la rédaction de ces

deux articles a eu pour but, d'abord, d'assimiler aux fonctionnaires publics les arbitres ou experts qui se laisseraient corrompre, et, en second lieu, de créer une nouvelle catégorie de complices qui, d'après l'ancienne loi, étaient impunis.

En effet, l'art. 177 prévoit deux ordres de faits condamnables : 1° recevoir de l'argent ou des dons pour accomplir un acte de sa fonction, alors même que cet acte serait juste ; 2° recevoir de l'argent ou des dons pour s'abstenir de faire un acte dans l'ordre de ses devoirs. D'un autre côté, l'ancien article 179, qui punissait les corrupteurs, ne prévoyait pas ce second ordre de faits. La modification de 1863 a mis en complète harmonie l'art. 179 avec l'art. 177, et désormais les corrupteurs seront punis lorsqu'ils auront engagé un fonctionnaire soit à agir, soit à s'abstenir. Avant cette loi récente, la Cour de cassation avait décidé que les dons ou promesses, ou menaces ayant pour but d'engager un fonctionnaire à ne pas faire un des actes de ses fonctions, étaient licites et ne pouvaient pas constituer un mode de complicité, aux termes de l'article 60, parce que le texte de l'article 179 s'y opposait d'une manière formelle. Aujourd'hui la question ne peut plus se présenter.

Une difficulté peut cependant encore surgir comme auparavant. Le corrupteur doit-il être puni comme le fonctionnaire corrompu, pour avoir sollicité un acte même juste en lui-même? La Cour de cassation a décidé l'affirmative par arrêt du 24 mars 1827. Cet arrêt se base sur les termes généraux de l'art. 179, qui n'a

pas reproduit ces mots : « même juste, » placés dans
l'art. 177. Mais, en dehors de cet argument tiré du
texte, nous croyons que c'est avec raison que la loi
de 1863 n'a pas ajouté à l'art. 179 les mots dont nous
parlons, et qui se trouvent dans l'art. 177. Il y a
entre les deux hypothèses une différence très-grande.
On comprend que le fonctionnaire qui reçoit de l'argent pour accomplir un acte que ses fonctions l'obli-
gent à faire soit répréhensible; mais il n'en est pas
ainsi du provocateur, « dont la criminalité, dit
» M. Faustin Hélie, se puise dans l'immoralité et
» dans l'injustice du fait objet de la provocation.
» En effet, les offres ou les présents, isolés de toute
» proposition, ne constituent assurément ni crime ni
» délit ; c'est donc la proposition elle-même qui fait
» la base du crime; mais comment cette proposition
» deviendra-t-elle criminelle, si elle n'a pour objet
» qu'un acte juste et légitime? Celui qui la fait, étran-
» ger à l'administration, n'est point tenu par les liens
» des mêmes devoirs que le fonctionnaire. Il ne com-
» met un délit que lorsqu'il enfreint un devoir com-
» mun ; il n'enfreint ce devoir que lorsqu'il cherche
» à corrompre, c'est-à-dire à obtenir, à prix d'ar-
» gent, un acte injuste. »
Nous devons faire remarquer que, si les tentatives
de contrainte ou de corruption n'ont eu aucun effet,
les auteurs de ces tentatives ne seront punis que d'une
peine moindre. Ce sera un délit distinct, et non pas
un fait de complicité.

§ 11, article 100. *Sédition.* — L'article 100 consacre

une exception aux articles 59 et 60 du Code pénal.
Cette exception est introduite en faveur de ceux qui,
faisant partie d'une émeute ou d'une réunion séditieuse, sans y exercer aucun commandement, se retirent à la première réquisition des autorités civiles et
militaires, ou même depuis, lorsqu'ils n'auront été
saisis que hors des lieux de la réunion séditieuse,
sans opposer de résistance et sans armes. Le délit
d'attroupement séditieux est pourtant accompli par
ceux qui se retirent, et leur complicité est bien évidente; mais la loi a voulu tenir compte de l'entraîne-
ment au milieu duquel se commet presque toujours la
sédition ; on a pensé, avec raison, que l'intérêt de la
société, dans ce cas, réclamait l'indulgence plutôt que
la rigueur. Les individus qui, avertis par les somma-
tions de l'autorité, abandonnent leur projet, font
preuve d'un repentir qui doit leur profiter ; les chefs
seront, d'ailleurs, plus facilement abandonnés, et
auront, par conséquent, à leur disposition des moyens
de résistance bien plus faibles.

§ 12, articles 108, 138, 144, 284, 285 et 288.
*De la révélation et de la non-révélation des crimes qui
compromettent la sûreté intérieure ou extérieure de
l'État.*

Dans notre législation actuelle, c'est-à-dire depuis
1832, la non-révélation des crimes qui compromettent la sûreté intérieure ou extérieure de l'État ne peut
pas constituer un fait de complicité. Il n'en a pas toujours été ainsi, et le Code de 1810 portait les traces
d'une législation plus sévère, dont l'origine, comme

nous l'avons vu, remontait à un édit de Louis XI.
Les articles 103, 104, 105, 106, 107 avaient orga-
nisé cette complicité résultant de la non-révélation.
On avait justifié cette sévérité de la loi sur la nécessité d'assurer le bonheur du peuple et de maintenir la
sûreté publique. En 1832, le législateur a admis une
distinction conforme à ces paroles des auteurs de la
théorie du Code pénal : « La loi ne peut, sans tyran-
» nie, incriminer la légitime répugnance qu'éprouve
» tout homme à se faire le délateur de pensées ou de
» paroles plus ou moins criminelles; mais elle peut,
» dans l'intérêt bien entendu de l'ordre social, faire
» briller l'espérance de l'impunité aux yeux du cou-
» pable qui préviendra le forfait ou en assurera la
» répression en dévoilant ses complices. » L'abroga-
tion des articles 103 à 108 fut votée à une grande
majorité en 1832; plus tard, en 1837, on fit des efforts infructueux pour les rétablir, et le gouvernement,
devant la réprobation universelle qu'excitait le réta-
blissement de ces articles, retira le projet de loi.

Il ne reste donc actuellement en vigueur de la sec-
tion III du titre I du livre III du Code pénal que l'article 108, consacrant, conformément à la distinction
de M. Faustin Hélie, une excuse en faveur des complices qui ont révélé l'existence des crimes et des dé-
délits contre la sûreté intérieure ou extérieure de
l'État.

Tous les publicistes n'ont pas admis l'opportunité
d'une disposition légale apportant l'impunité aux
délateurs. Beccaria ne voyait « qu'opprobre pour la

» société à autoriser les saintes lois, garants sacrés de
» la confiance publique, base respectable des mœurs,
» à protéger la perfidie, à légitimer la trahison. »
Diderot, au contraire, s'exprime ainsi : « Rien ne
» peut balancer l'avantage de jeter la défiance entre
» les scélérats, de les rendre suspects et redoutables
» l'un à l'autre, et de leur faire craindre sans cesse,
» dans leurs complices, autant d'accusateurs. La mo-
» rale humaine, dont les lois sont la base, a pour
» objet l'ordre public, et ne peut admettre au rang
» de ses vertus la fidélité des scélérats entre eux,
» pour troubler l'ordre et violer les lois avec plus de
» sécurité. »

Ces raisons sont justes; mais il y a, néanmoins,
quelque chose de mauvais à encourager la délation,
et à lui donner une prime; on peut craindre d'affaiblir le sens moral du peuple; aussi faut-il un intérêt
social puissant pour que la justice se détermine à
provoquer une telle action, à en profiter pour diriger
ses recherches, et à faire pour ainsi dire l'aveu de
l'impuissance où elle est d'atteindre le coupable sans
le concours de l'un des complices. L'art. 108 a donc,
avec beaucoup de raison, restreint cette excuse à ceux
qui, complices d'un crime menaçant la sûreté de
l'État même, sont venus le dénoncer à la justice. L'exception ne pourrait donc être étendue à la délation des
autres crimes ou délits; il faudra que le jury soit appelé à se prononcer sur cette circonstance d'excuse,
et ait répondu à une question spéciale posée à cet
effet. De là il suit que l'accusé peut provoquer la po-

sition d'une question sur l'existence et le caractère de
la révélation (1).

Dans les art. 138, 144, 284, 285 et 288, la loi a
également cru, à cause d'un intérêt d'ordre public,
devoir appliquer le principe de l'art. 108. L'altéra-
tion des monnaies de l'État, la contrefaçon de
l'un des sceaux de l'Etat, sont des crimes que l'on
peut prévenir et non réparer. On a, dès lors, pu trouver, dans l'intérêt du crédit public et de la confiance
générale, un motif pour créer une excuse spéciale en
faveur du délateur.

Il est utile de faire remarquer que la révélation
doit précéder la consommation du crime, la fabrica-
tion des fausses monnaies ou la contrefaçon des sceaux
de l'Etat.

Les législateurs ont considéré que les ouvrages et
gravures, qui offensent la morale ou l'ordre public,
présentent un danger irréparable, et, dans le but de
prévenir ce danger, ils ont édicté les articles 284,
285 et 288.

§ 13, art. 114 et 190. — Ces deux articles assurent
l'impunité à ceux qui, se trouvant sous une autorité
hiérarchique supérieure, exécutent un acte délictueux
ou criminel ordonné par cette autorité, pourvu
toutefois que cet acte soit dans les attributions de
celui qui l'ordonne et de celui à qui on l'ordonne.
Il est important de faire observer que, dans les
fonctions civiles, le lien hiérarchique est bien moins

(1) Cassation, 20 avril 1810.

fort que dans les fonctions militaires, et que, par conséquent, le fonctionnnaire civil doit, jusqu'à un certain point, apprécier avec sa conscience la nature
de l'ordre qui lui est donné. Si cet ordre est manifestement contraire à la loi, si la criminalité en est flagrante, nul doute que l'inférieur doive résister à son
supérieur. Au surplus, les jurés et les juges, étant
obligés de répondre spécialement à la question d'excuse, ont le pouvoir d'apprécier toutes les circonstances qui peuvent faire admettre ou rejeter l'impunité en faveur du fonctionnaire. Ce qu'il y a de certain,
c'est que la question d'excuse ne saurait être posée
que dans les cas limitativement énoncés par les articles 114 et 190.

§ 14, art. 241 et 245. — *Évasion de prisonniers.*
Celui qui facilite l'évasion d'un prisonnier doit être
puni plus sévèrement que le prisonnier lui-même. Il
y a là, en effet, un grand danger pour la sécurité
publique, et, de plus, on doit tenir compte de la différence de position entre celui qui s'évade et celui qui
favorise l'évasion. Le premier, en effet, se trouve sous
l'empire d'une contrainte physique ; on comprend
qu'il lutte contre la force à laquelle il est soumis ;
le second, au contraire, le plus souvent n'est mû que
par l'appât d'une récompense plus ou moins forte.

Aux termes de l'art. 241, modifié par la loi de
1863, ceux qui auront procuré ou facilité une évasion, avec violences ou bris de prison, seront punis
de trois mois à deux ans d'emprisonnement dans le
cas de l'art. 238 ; d'un an à quatre ans, dans le cas

de l'art. 239 ; et enfin de deux ans à cinq ans, dans le cas de l'art. 240. La nouvelle rédaction a eu pour but de diminuer la peine dans les deux derniers cas, et de faire un délit de ce qui était un crime, d'après le Code de 1810. Néanmoins la pénalité, telle qu'elle est aujourd'hui organisée, est encore plus forte pour les complices que pour les prisonniers, et c'est en cela que l'art. 241 fait exception au principe de l'article 59. Le prisonnier qui s'est évadé n'est, d'après l'art. 245, jamais puni que d'une peine de six mois à un an.

§ 15, art. 267, 292 et 294. *Association de malfaiteurs ; réunion de plus de vingt personnes.* — Les auteurs, directeurs d'une association de malfaiteurs, ainsi que les commandants en chef ou en sous-ordre, sont punis, d'après l'art. 267, des travaux forcés à temps ; les complices de ces mêmes individus, c'est-à-dire tous autres faisant partie de ces bandes, ainsi que ceux qui leur ont fourni des armes, munitions, instruments de crimes, logement, lieu de retraite ou lieu de réunion, ne sont punis que de la reclusion. La loi a, dans cette circonstance, dérogé au principe de l'art. 59 ; elle a fait un pas vers le système de la distinction entre les différents agents d'un crime ou d'un délit, et elle a ainsi montré le vice de sa théorie sur la complicité, en appliquant à juste titre une peine plus sévère à certains membres de l'association, parce qu'ils sont plus coupables.

Il en était de même avant la loi du 17 avril 1834, sous l'empire des articles 292 et 294, qui sévissent

contre les associations de plus de vingt membres non
autorisées par le gouvernement. Les chefs, directeurs
et administrateurs sont seuls soumis à une amende,
ainsi que celui qui, sans déclaration préalable, a
prêté sa maison pour une réunion autorisée ou non.
Les autres membres de l'association n'encouraient
aucune peine. Si, dans la réunion, un membre s'est
rendu coupable de provocations contre l'ordre établi,
celui-là seul subit l'aggravation de peine ; ce fait
entraîne une pénalité pour les chefs, directeurs ou
administrateurs. La loi du 10 avril 1834, sur les réunions non autorisées, a eu pour résultat de modifier
l'art. 292. Cet article ne prononçait de peine que contre les chefs, directeurs ou administrateurs ; aujour-
d'hui, d'après l'art. 2 de la loi précitée, la pénalité est
étendue à tout individu faisant partie de la réunion ;
cette pénalité elle-même a été augmentée.

La loi de 1834 a également apporté une autre modification à la situation de celui qui est complice
pour avoir prêté le local ou le lieu de réunion.
D'après l'art. 294, celui qui avait prêté un local, sans
déclaration préalable, à une réunion autorisée ou
non, n'était passible que d'une amende de 16 fr. à
200 fr. ; actuellement il faut distinguer si la réunion
était autorisée ou si elle ne l'était pas. Dans le premier cas, la peine est encore celle de l'art. 294 ; mais,
dans le second cas, celui qui a prêté le lieu de réunion encourt la pénalité telle qu'elle a été aggravée
par l'art. 2 de la loi de 1834. On ne saurait se dissi-
muler que cette loi est empreinte d'une sévérité trop

grande, surtout si l'on considère qu'elle n'a pour effet de punir que le simple fait de la réunion, sans se préoccuper du but légitime ou illégitime de l'association.

§ 16. *Délit de coalition.* — Les articles relatifs au délit de coalition ont reçu récemment, en 1864, une nouvelle modification qui a fait disparaître de nos Codes un cas de complicité où le complice par provocation se trouvait puni d'une peine plus forte que les autres coupables. Sous la loi de 1845, modificative du Code de 1810, les chefs et moteurs de la coalition encouraient une peine plus forte que les autres membres de cette coalition. La loi de 1864 a non-seulement changé les caractères et la nature de ce délit, mais encore elle n'a édicté qu'une seule et même peine pour tous les coupables, et elle est ainsi revenue, sur ce point, au principe général de l'art. 59.

§ 17, art. 102, 203 et 204. *Provocation par discours écrits ou imprimés.* — En principe, la provocation à un crime ou à un délit doit, pour être punissable, être accompagnée de l'une des circonstances énumérées dans l'art. 60. Cependant on a cru, dans certains cas, devoir faire exception à cette règle, et plusieurs articles du Code, ainsi que les lois spéciales sur la presse, ont considéré comme un acte de complicité les provocations qui se sont produites dans des discours prononcés en public, sermons, écrits de toute nature, imprimés ou non. Cette exception est basée sur la facilité que ces moyens de publicité offrent à ceux qui veulent exciter à une action mauvaise.

Le Code de 1810 avait, dans l'art. 102, dont le principe a été généralisé par la loi de 1819, puni comme coupables des crimes et complots tendant à troubler la sûreté intérieure ou extérieure de l'État, tous ceux qui, soit par discours tenus dans des lieux ou réunions publics, soit par placards, affiches, soit par des écrits imprimés, auront excité directement des citoyens ou habitants à les commettre.

Il en a été de même dans les art. 203 et 206, concernant les provocations contre l'autorité publique dans un discours pastoral prononcé publiquement ou dans un écrit contenant des instructions pastorales. Dans ces deux cas, comme dans l'art. 102, il suffit que la provocation se soit manifestée de l'une des manières indiquées, et que cette provocation ait été suivie d'effet, pour que l'auteur du discours ou de l'écrit soit considéré comme complice et puni comme tel. Si la provocation est restée sans effet, ce n'est plus un cas de complicité, mais un crime ou un délit d'une autre nature, puni d'une peine spéciale.

La loi de 1819 sur la presse, en laissant intacts les art. 203 et 206, a abrogé l'art. 102, en ce sens qu'elle a appliqué la peine de la complicité à tous ceux qui, par des discours publics, par des écrits imprimés ou non, des dessins, des gravures, des emblèmes, auront provoqué, non pas seulement à des crimes contre la sûreté intérieure ou extérieure de l'État, mais encore à toute action qualifiée crime ou délit par la loi pénale.

C'est, on le voit, une espèce nouvelle de complicité,

—11

dont le germe se trouvait dans l'art. 102, complicité qui a été considérablement étendue par la loi de 1819, dont les dispositions, en ce qui concerne la provocation, n'ont point été abrogées par les nombreuses lois subséquentes sur la presse.

§ 18, *loi de 1819. Complicité en matière de presse.* — Nous venons de voir comment la loi de 1819 avait ajouté un nouveau mode de complicité par provocation; nous avons montré en quoi cette loi s'était écartée de la théorie générale de l'art. 60. Il nous reste à rechercher, en matière de presse, les cas de complicité qui lui sont spéciaux, et, sans nous préoccuper des détails du régime sous lequel se trouve placée aujourd'hui la presse, à la suite du nombre considérable de lois qui ont été rendues sur ce sujet, nous examinerons à quelles classes de personnes peut s'appliquer la complicité. Nous verrons quelle est la situation : 1° des imprimeurs; 2° des rédacteurs des journaux; 3° des vendeurs, distributeurs, crieurs ou afficheurs d'écrits imprimés. Les règles qui nous serviront à fixer cette situation se trouvent dans la loi de 1819, que l'on peut considérer, sous ce point de vue, comme le Code actuel de la presse.

Imprimeurs. — Les imprimeurs peuvent être poursuivis soit comme auteurs, soit comme complices : comme auteurs principaux, si les rédacteurs de l'article ou du livre incriminé sont inconnus; comme complices, si ces rédacteurs sont poursuivis. Nous ne nous occuperons que de la seconde hypothèse, c'est-à-dire de celle où il y a simple complicité.

L'art. 24 de la loi du 17 mai 1819 décide que les imprimeurs ne peuvent être recherchés pour le seul fait de l'impression.

Cet article est conçu en ces termes : « Les impri-
» meurs d'écrits dont les auteurs seraient mis en
» jugement, et qui auraient rempli les obligations
» prescrites par le titre 2 de la loi du 21 octobre 1814,
» ne pourront être recherchés pour le simple fait de
» l'impression de ces écrits, à moins qu'ils n'aient
» agi sciemment, ainsi qu'il est dit à l'art. 60 du
» Code pénal, qui définit la complicité. »

Ainsi il faut que l'on prouve, contre l'imprimeur poursuivi comme complice, qu'il a agi sciemment. Cette preuve peut résulter de toute espèce de faits laissés à l'appréciation des tribunaux (1), et il n'est

---

(1) Cassation, 18 octobre 1825. — L'application de cette jurisprudence a été récemment faite, le 25 mars 1865, dans l'affaire des Propos
de Labiénus. Le tribunal de la Seine a condamné l'imprimeur, Ri-
queur Lainé, comme complice, et a trouvé la complicité dans les faits
suivants :

« Attendu que cet imprimeur a reçu le manuscrit le vendredi
» 10 mars, qu'il a fait imprimer une première édition le lendemain;
» que, sur une nouvelle commande, il a fait exécuter une seconde
» édition le lundi 13 mars, et que ce n'est que le 14 que les feuilles
» de cette seconde édition ont été saisies; qu'il n'est pas possible que
» Riqueur-Lainé se soit occupé pendant quatre jours de l'impression
» de ces deux éditions sans avoir pris connaissance soit du manuscrit,
» soit d'un des exemplaires imprimés, qui ne comportent que vingt
» pages du format in-octavo ;
» Que c'est d'autant plus inadmissible que, si la première partie de
» cet écrit avait été insérée dans le numéro 26 du journal hebdoma-
» daire la Rive gauche, dont Riqueur-Lainé est l'imprimeur, la se-

pas nécessaire que le ministère public prouve que
l'imprimeur a matériellement lu l'écrit poursuivi.

Rédacteurs de journaux. — En général, l'auteur principal d'un crime ou d'un délit est celui qui accomplit
matériellement le fait réprouvé par la loi ; les complices sont ceux qui ont provoqué à ce crime ou qui
l'ont préparé ou facilité. En matière de presse, le délit
prévu, c'est la publication ; c'est donc le publicateur
qui est l'auteur principal ; ceux qui ont préparé le
délit, ceux qui ont donné les moyens de le commettre,
sont ses complices. C'est en vertu de ce principe que
nous venons de voir que les imprimeurs sont soumis
aux règles de la complicité. En matière d'écrits pé-
riodiques, il y a une législation particulière formulée
par la loi du 18 juillet 1828. Aux termes de l'art. 8 de
cette loi, le gérant d'un journal est responsable du
contenu des articles qu'il publie et qu'il signe, sans

» conde partie avait été l'objet d'un tel désaccord dans la rédaction
» de ce journal, que le n° du 8 mars n'avait pas paru, et que néces-
» sairement l'imprimeur avait su ou avait recherché les causes de
» cette interruption ; qu'en outre on lui avait fait imprimer un avis
» pour annoncer aux abonnés que la seconde partie ne paraissait
» pas dans le journal, mais que le tout serait publié dans une bro-
» chure qui leur serait adressée, et que ce changement dans la pu-
» blication de cet écrit était encore de nature à éveiller toute son
» attention ; qu'enfin il savait les opinions de la rédaction de ce jour-
» nal, qui avait remplacé un journal supprimé l'année dernière, à la
» suite d'une condamnation judiciaire ;
  » Que c'est donc *sciemment* qu'il a imprimé cette brochure qu'il
» savait destinée à être publiée et vendue, ce qui constitue la publi-
» cité prévue et punie par l'art. 24 de la loi du 17 mars 1819 et les
» articles 59 et 60 du Code pénal. »

préjudice de la poursuite contre l'auteur ou les auteurs desdits articles comme complices. Ainsi, point de doute à cet égard : les gérants signataires d'un journal sont les auteurs principaux des délits qu'il peut renfermer ; les auteurs ou rédacteurs des articles sont les complices.

Vendeurs, distributeurs, crieurs et afficheurs.—Suivant la législation qui nous régit, les vendeurs, distributeurs, crieurs et afficheurs d'écrits, de dessins ou d'emblèmes, doivent être considérés comme auteurs principaux des délits qui résultent de la publication, parce que c'est par eux que se commet le fait principal que la loi punit. Ces mêmes individus, lorsqu'il s'agit d'un écrit contenant des provocations à un crime ou à un délit, sont considérés comme complices des provocations contenues dans l'imprimé (art. 285), à moins qu'ils n'aient fait connaître ceux dont ils tiennent l'écrit contenant la provocation.

M. Chasson, t. 1, p. 128, a soutenu que le libraire, le vendeur d'un ouvrage imprimé dont l'auteur et l'imprimeur sont connus, ne sont pas punissables ; mais il n'indique pas le texte sur lequel se fonde son opinion à cet égard. Cette exception n'existe pas dans la loi, et ne peut, par conséquent, être appliquée.

Les vendeurs, distributeurs, crieurs et afficheurs jouissent-ils de la disposition de l'art. 24 de la loi du 17 mai 1819 relative aux imprimeurs ? M. Carnot pense que le bénéfice de cet article peut être invoqué par eux, lorsque l'on ne prouvera pas qu'ils ont agi sciemment. Nous croyons qu'en l'absence de la men-

tion spéciale des *libraires, vendeurs*, etc., dans l'art. 24,
cet article ne saurait leur être appliqué.

Il est important de faire remarquer, en terminant,
qu'indépendamment de ces modes spéciaux de complicité que nous venons d'examiner, on peut appliquer, en cette matière comme en toute autre, les règles
générales de la complicité prévues par les articles 59
et 60 du Code.

CHAPITRE IV.

PROCÉDURE.

Les difficultés qui peuvent se présenter relativement à la procédure, en matière de complicité, se
rattachent à deux ordres de faits : la qualification de
la complicité d'un crime ou d'un délit, l'indivisibilité
de la procédure concernant l'auteur principal et les
complices.

§ 1er. *Qualification de la complicité d'un crime ou d'un
délit.* — Occupons-nous d'abord de la manière dont
les questions doivent être posées au jury. Dans les
affaires criminelles, le fait est apprécié par les jurés,
et le droit par la Cour d'assises. De cette grande distinction découle cette conséquence que l'on doit in-
terroger le jury sur le point de savoir si l'accusé est
coupable d'avoir, par dons, promesses, menaces,
abus d'autorité ou de pouvoir, machinations ou artifices coupables, provoqué à l'action ou donné des instructions pour la commettre, soit d'avoir procuré des

armes, des instruments ou tout autre moyen qui aura servi à l'action, sachant qu'ils devaient y servir ; soit d'avoir, avec connaissance, aidé où assisté l'auteur ou les auteurs du crime dans les faits qui l'ont préparé ou facilité, ou dans ceux qui l'ont consommé. Ainsi posée, la question est une pure question de fait qui rentre dans la compétence des attributions du jury ; elle indique les faits élémentaires de la complicité, et c'est là le but principal de la loi. On a souvent, et la Cour de cassation n'a pas réprouvé ce mode de procéder, énoncé la question en ces termes : « L'accusé est-il coupable de *s'être rendu complice*, soit en provoquant, etc.? Cette adjonction du mot *complice* est inutile, bien que ne viciant pas la question elle-même, car les jurés n'ont pas à se préoccuper de savoir si les faits qu'ils constatent sont ou non constitutifs de la complicité.

Quant à la question qui se bornerait à demander au jury si l'accusé est coupable de complicité, sans énumérer les faits que la loi considère comme élémentaires de la complicité, elle a toujours été regardée comme ne pouvant pas servir de base à une condamnation, parce que le jury, dans cette hypothèse, n'avait fait que résoudre une question de droit. Il a été jugé que la déclaration que l'accusé est coupable de complicité (1) du fait énoncé dans la question ne remplit pas le vœu de la loi (2).

(1) Cassation, 3 mars 1814, 24 janvier 1818, 16 janvier 1834, 27 juin 1833.

(2) 2 juillet 1813, 3 mars 1814, 5 février 1824, 14 octobre 1827.

La meilleure manière de qualifier les crimes, c'est d'employer les termes mêmes de l'article du Code pénal ; on peut éviter ainsi la cassation de bien des arrêts, qui peuvent, sans cela, donner souvent prise à la censure de la Cour suprême. L'indication des éléments constitutifs de la complicité devient inutile lorsqu'il s'agit de coauteurs.

Les questions doivent non-seulement comprendre les faits élémentaires de la complicité, mais elles doivent, en outre, indiquer le crime auquel ces faits se rapportent. Pour être réputé coupable, en effet, il ne suffit pas d'être déclaré complice d'une action quelconque, il faut encore être déclaré complice d'un crime ou d'un délit. Mais comment la question relative au complice devra-t-elle énoncer le fait principal ? Il faut distinguer le cas où le complice comparaît devant les assises, en l'absence de l'auteur principal, et celui où ils y comparaissent en même temps.

Dans la première hypothèse, la question doit reproduire tous les éléments constitutifs ou aggravants du fait principal, puisque, en supposant qu'ils eussent été précédemment résolus contre l'auteur du crime, ils ne l'auraient pas été contradictoirement avec le complice (1). On peut atteindre ce résultat soit en posant, avant l'interrogation sur la complicité, une série de questions sur le fait principal et ses circonstances aggravantes, soit en introduisant dans la question relative à la complicité les éléments constitutifs du fait principal, et en interrogeant ensuite le jury sur chacune des circonstances aggravantes.

(1) Cassation, 31 août 1851, 4 janvier 1830.

Dans la seconde hypothèse, l'accusé principal et le complice étant soumis aux mêmes débats, il n'est pas nécessaire de reproduire, à l'égard du complice, les circonstances constitutives ou aggravantes du crime. Il suffit que la question qui le concerne se réfère au crime précédemment spécifié contre l'auteur principal, et la Cour de cassation a toujours jugé que, dans ce cas, il était inutile de reproduire les circonstances aggravantes dans les interrogations relatives au complice (1). Il en serait autrement, si les jurés avaient résolu négativement la question relative à l'auteur principal ; ils devraient alors, si les questions de ces circonstances aggravantes n'étaient pas reproduites pour le complice, résoudre les questions accessoires au fait principal concernant ces circonstances aggravantes, puisqu'elles servent à fixer le degré de culpabilité du complice.

Une condition essentielle de la validité d'une question, c'est que cette question ne soit pas complexe. Une question est complexe, lorsqu'elle renferme plusieurs faits légaux ; mais elle n'a pas ce caractère, si les faits physiques qu'elle énumère, quelque multipliés qu'ils soient, ne constituent qu'un fait légal. Ainsi on ne peut poser légalement la question de savoir si l'accusé est complice ou auteur.

On a essayé de soutenir, devant la Cour de cassation, que la question qui renfermait en même temps les faits élémentaires de la complicité et la relation

(1) 27 juin 1830, 18 septembre 1843, 9 juillet 1841, 26 juin 1851.

au crime précédemment spécifié était entachée du vice de complexité. Cette prétention a été rejetée (1) avec raison, parce que cette question, bien que s'appliquant au fait élémentaire de la complicité et au fait de l'accusation principale, ne comprend cependant qu'un fait légal, celui de la complicité punissable.

On s'est demandé si la question qui renfermerait plusieurs des cas de complicité indiqués par l'art. 60 devrait être réprouvée comme empreinte de complexité. Il a été décidé plusieurs fois que, dans ce cas, la complexité n'existait pas : « attendu que, lorsque » chacun des caractères alternatifs de la complicité » constitue à un degré égal la complicité du fait et » détermine la même peine, la question qui les réunit » ne présente pas le caractère de complexité (2). » Il résulte de cet arrêt que, si les peines qui frappent les différents modes de complicité énoncés n'étaient pas les mêmes, on trouverait dans une telle question tous les caractères de la complexité (3).

Il faut éviter de soumettre au jury des questions qui pourraient amener, à l'occasion du fait de complicité, des réponses inconciliables avec celles qui auraient été faites sur le fait principal. Cette règle a surtout une grande importance dans les cas où l'on a reproduit, relativement aux complices, les questions de circonstances aggravantes déjà posées ou résolues par rapport à l'auteur principal ; il pourrait se

(1) 10 novembre 1840, 23 février 1843.
(2) Cassation, 30 septembre 1842, 10 décembre 1839, 21 août 1843.
(3) Cassation, 22 juillet 1847, 20 avril 1860.

rencontrer alors, sur la même circonstance aggravante, des solutions différentes, ce qui annulerait la décision rendue (1).

L'application de ces principes généraux aux différents cas de complicité ne présentera aucune difficulté, si l'on a soin de s'en tenir toujours, pour la qualification de tel ou tel mode de complicité, aux termes des articles du Code. Relativement au recélé, par exemple, il ne faudra pas omettre de poser la question de connaissance, dans les cas où cette connaissance modifie la pénalité, ou est nécessaire pour constituer la culpabilité.

Quant aux délits, la procédure, il est vrai, est différente, mais néanmoins les mêmes principes doivent diriger les juges correctionnels dans la rédaction de leurs jugements : ils devront donc reconnaître d'abord l'existence et le caractère du délit auquel se rattache le fait de complicité; ils énuméreront ensuite les faits physiques et intentionnels résultant des débats et de l'information ; enfin ils déduiront de ces faits les conséquences légales qui les déterminent à condamner le complice ou à le renvoyer des poursuites. Dans la qualification de ces conséquences, ils devront, de préférence, se servir des termes mêmes des articles du Code pénal.

§ 2. *Indivisibilité de la procédure.* — La complicité établit entre les coparticipants une indivisibilité absolue dans la procédure. Cette règle, établie en droit

_____

(1) Cassation, 21 mars 1857.

romain (1), a été consacrée plusieurs fois chez nous, notamment dans le Code militaire du 30 septembre 1791,
titre I, article 5 (2). Merlin, dans sa circulaire du
23 frimaire, donnait en ces termes la raison d'être de
ce principe de l'indivisibilité :

« C'est quelque chose de plus fort qu'un principe
» qui détermine l'indivisibilité de la procédure, lors-
» qu'il s'agit d'un seul et même délit ; c'est la néces-
» sité des choses, nécessité qui, indépendante des
» institutions humaines, briserait celles qui vou-
» draient la méconnaître, et n'a pas besoin, par
» conséquent, d'être appuyée de leur trop fragile
» soutien. »

Le principe de l'indivisibilité a pour conséquence,
lorsque deux juges sont saisis du même délit, le
renvoi à l'un d'eux par voie de règlements de juges
(art. 526, 527, 540 Code d'instruction criminelle).
S'il y a concours de deux juridictions ordinaires, c'est
la plus élevée qui juge l'auteur principal et les complices. Bien que le mineur de 16 ans ne puisse encourir qu'une peine correctionnelle, il sera jugé par
la Cour d'assises. La compétence se détermine toujours par le fait principal, et non par le fait de la
complicité. Ainsi, lorsqu'un vol est commis à l'étranger et que les objets volés sont recélés en France, c'est
le tribunal étranger qui est seul compétent. Le nou-

---

(1) Livre LIV, loi 10, C. *de judiciis.*
(2) Conseil militaire, 4 brumaire an II, art. 15 ; loi du 22 messidor
an IV ; Code de brumaire an IV, art. 234.

veau projet de loi concernant les délits et crimes commis à l'étranger, dont nous avons parlé plus haut,
aura pour effet de rendre compétents les tribunaux
français dans des cas où la juridiction étrangère seule
avait le droit de statuer. Malgré ce projet de loi, il
n'en subsistera pas moins cette conséquence que les
Français qui se sont rendus complices, à l'étranger ou
en France, de crimes et délits commis, en dehors du
territoire français, par des étrangers, ne pourront
pas être poursuivis devant les tribunaux de notre
pays.

Quel est l'effet de l'indivisibilité, lorsqu'il s'agit de
juridictions spéciales? Si les juridictions spéciales appartiennent à l'ordre judiciaire, comme la haute cour
de justice, les complices comparaîtront directement
devant la juridiction supérieure à laquelle est soumis
l'auteur principal; ils seront, il est vrai, privés d'un
degré de juridiction; mais ils n'auront pas à se
plaindre, puisque la juridiction appelée à statuer sur
leur sort est celle qui offre le plus de garantie, soit
par la solennité du débat, soit par le degré hiérarchique où elle est placée.

Quelle devra être la solution, si l'auteur principal
est justiciable d'un tribunal d'exception n'appartenant pas à l'ordre judiciaire? D'après Merlin, il y a
lieu de distinguer si la compétence du tribunal d'exception est fondée sur la nature du délit ou sur la qualité
du prévenu. Dans le premier cas, l'auteur principal
entraîne le complice devant la juridiction exceptionnelle; dans le second cas, le complice entraîne l'au-

teur principal devant la juridiction ordinaire. Cette
distinction a été admise par la Cour de cassation (1).
Néanmoins certaines lois, érigeant des juridictions
spéciales, n'ont pas reproduit cette distinction, et
elles ont rendu ces juridictions compétentes indifféremment et pour les auteurs et pour les complices,
soit que leur compétence découlât de la nature du
crime ou de la qualité des individus poursuivis. Cependant les Codes militaire et maritime considèrent
que la juridiction ordinaire attire à elle les auteurs
soumis à la juridiction spéciale, dès qu'un complice
n'a pas la qualité spéciale.

On ne peut donc pas établir à ce sujet une règle positive. Il faudra d'abord suivre les dispositions des
lois spéciales qui créent telle ou telle juridiction
exceptionnelle, et, en l'absence de textes résolvant la
question, on reviendra à la distinction établie par
Merlin et adoptée par la Cour suprême.

(1) 27 vendémiaire an X, 22 avril 1808, 4 août 1812, 4 juin 1813,
10 juin 1806, 22 décembre 1800, 12 octobre 1811.

TROISIÈME PARTIE.

———

CHAPITRE PREMIER.

CRITIQUE DU SYSTÈME DU CODE.

Dans la première partie de cette thèse, nous avons exposé ce que l'étude philosophique enseignait par rapport à la complicité; dans la seconde, nous avons étudié la complicité d'après notre Code pénal; cette troisième et dernière partie de notre travail a pour but de comparer les résultats de ces deux études, de montrer en quoi la théorie du Code s'écarte des principes rationnels, et d'essayer de faire ressortir les vices principaux de notre législation.

La philosophie nous avait enseigné qu'entre les divers participants d'une action criminelle il y avait de nombreuses distinctions à faire par rapport à la criminalité; qu'il fallait, d'abord, séparer les auteurs et les coauteurs de la classe des complices, appliquer aux premiers une peine plus sévère qu'aux seconds, et laisser aux juges une latitude assez grande pour qu'ils puissent graduer la pénalité d'une manière conforme à la culpabilité soit des auteurs ou coauteurs, soit des complices. Nous avons, en même

temps, donné une règle simple pour discerner le
complice des coauteurs. Nous avons été également
conduit à proclamer que les circonstances aggravantes inhérentes au délit devaient seules avoir de
l'influence sur le sort des complices, lorsqu'ils les ont
connues, et que les circonstances, soit aggravantes,
soit atténuantes, qui ne tiraient leur source que d'une
qualité personnelle à l'agent, ne devaient avoir d'effet
que sur cet agent.

C'est là le système qui a reçu le nom de système de
la distinction, par rapport à celui de *l'assimilation*, qui
a été adopté par les législateurs de 1810. L'examen
du Code amène, en effet, à des conclusions pratiques
diamétralement opposées aux conclusions de la philosophie. Il ressort des textes que nous avons passés
en revue : 1° que tous les participants à un même
crime doivent être punis de la même peine ; 2° que la
peine du participant doit être la même que celle de
l'auteur principal ; 3° que les complices, d'après une
jurisprudence constante, ont à subir les conséquences
des circonstances aggravantes inhérentes soit au
crime ou délit, soit à la personne de l'auteur principal.

Ces trois propositions, on le voit, contredisent com-
plétement celles que nous avions émises d'après les
principes rationnels. En détruisant les arguments qui
ont été donnés en faveur du système de l'assimilation,
nous aurons établi la supériorité du système de la
distinction.

1re proposition. — *Tous les participants à un même*

crime doivent être punis de la même peine. — Il suffit d'énoncer en ces termes une semblable opinion pour en montrer le vice et l'injustice. Il est évident qu'une grande différence sépare l'acte de celui qui tient la victime pendant qu'on la frappe, et l'acte de celui qui vend une arme à l'assassin. Confondre dans une même pénalité des faits si différents, c'est nier l'une des bases principales de la loi pénale, qui veut que chacun soit puni selon sa culpabilité.

2ᵉ proposition. — *La peine du participant doit être la même que celle de l'auteur principal.* — Les mêmes arguments que nous employions tout à l'heure contre la première proposition peuvent se reproduire ici avec le même avantage. Assimiler à l'assassin celui qui n'a fait que prêter un concours indirect à l'assassinat, c'est commettre la plus révoltante des injustices. On a cependant essayé de justifier ce principe formulé dans l'article 59.

La première raison invoquée est celle-ci : Le complice assume tacitement la responsabilité du crime ; la loi ne fait donc que se conformer à ses prévisions. Cet argument consiste à présumer une intention chez le complice ; sur quoi se motive donc cette présomption ? On a dit : La loi le punit de la même peine, et il est censé connaître la loi. Etrange pétition de principe, qui amènerait à cette conclusion que, puisque la loi est connue, elle est bonne et juste ! Ce n'est donc pas là que l'on peut trouver la justification de l'article 59. La trouverait-on dans cette autre idée que le complice a dû se croire aussi coupable que l'auteur principal ? Non, assurément ; car, dans le for intérieur de la conscience, autre chose est de commettre un crime ou d'y prêter son concours, et bien des gens ont consenti à se rendre complices qui n'auraient jamais voulu exécuter eux-mêmes l'action criminelle à laquelle ils n'ont fait que participer.

On a invoqué en faveur du principe d'assimilation l'autorité que lui donne une longue et presque universelle pratique. Sans doute il est souvent permis de conclure de ce qu'une œuvre a été durable, qu'elle est bonne ; mais ce raisonnement, excellent dans telle ou telle circonstance donnée, cesse de pouvoir se soutenir lorsque, par le progrès de la raison, on est arrivé à découvrir les vices qui, jusqu'alors, étaient restés cachés. Que d'institutions aujourd'hui oubliées ont eu pour elles le prestige de l'ancienneté et de l'expérience ! que d'améliorations n'ont pas eu lieu, surtout en matière pénale ! Est-ce que le besoin de modifier les pénalités ne se fait pas sentir au fur et à mesure que la civilisation amène avec elle un progrès dans la moralité publique ? Il semble que l'article 59 se soit inspiré des lois draconiennes, qui punissaient presque toutes les infractions de la peine de mort. Aussi avons-nous vu que, dans bien des cas, le législateur a reculé devant l'application stricte de cet article, et il a ainsi condamné à une mort plus ou moins prochaine le principe qu'il avait admis.

Le complice, dit-on encore, est indispensable à l'auteur principal ; sans complice, il n'y aurait pas d'auteurs principaux. La complicité implique donc un danger pour la société. Cet argument repose sur un autre vice du système du Code. Comme nous l'avons vu, la classe des coauteurs est excessivement restreinte ; cette classe devrait être considérablement augmentée, et alors le raisonnement que nous combattons tomberait de lui-même ; car les coauteurs seuls, en effet, sont indispensables au crime ; cela n'est pas vrai pour les complices, dont la participation n'est qu'accessoire.

On insiste et l'on prétend que le complice compromet doublement la sécurité sociale en facilitant le crime et en le dissimulant ; en vertu de ce danger social, on n'hésite pas à appliquer la même peine aux complices qu'aux auteurs. Le danger social qu'on invoque n'est point aussi grand qu'il peut le paraître. Si, en effet, les complices peuvent quelquefois faciliter le crime, assurément ils ne le dissimulent pas ; le meilleur moyen, en effet, pour qu'un secret ne soit pas gardé, c'est de le confier à plusieurs personnes. Mais, quand même ce danger existerait, les exigences de l'ordre public ont une limite : c'est la justice, et ce qui est utile n'est pas toujours juste. Les lois, en tenant compte de l'utilité, doivent, avant tout, être justes ; et il est à craindre que l'utilité résultant d'une loi injuste soit moins grande que les dangers qui naissent de l'injustice.

3e proposition. — *Les complices souffrent de toutes les circonstances aggravantes.* — Selon nous, le système de l'assimilation n'est justifié par aucun motif sérieux ; il amène dans la répression des incon-

séquences et des bizarreries de toute nature. D'après
lui, la jurisprudence a cru devoir faire retomber sur
les complices les conséquences des circonstances aggravantes personnelles ou non à l'auteur principal.
Nous avons déjà signalé ailleurs ce qu'il y avait de
mauvais dans cette jurisprudence qui attribue à l'un
des agents une pénalité plus forte, en raison de circonstances qui lui sont étrangères et qu'il a même
ignorées.

Il y aurait sans doute bien d'autres critiques de dé-
tail à élever contre le Code, notamment en matière
de recel, ainsi que nous l'avons déjà fait observer ;
mais vouloir donner pour ainsi dire la formule ma-
thématique de la complicité et de la pénalité à lui appliquer serait au-dessus de nos forces. D'ailleurs
beaucoup d'inconvénients, qui se révèlent dans la
pratique, disparaîtraient, si l'on adoptait le principe
de la *distinction* tel que nous l'avons exposé. Les
réformes qu'il serait facile d'introduire, et qui donne-
raient satisfaction aux justes exigences de la raison,
consisteraient à étendre le nombre des coauteurs,
c'est-à-dire de tous ceux sans lesquels le crime ne se
serait pas accompli, à leur appliquer la peine du
crime ou du délit principal, à créer une pénalité inférieure pour la classe des complices, et à proclamer
le principe que chacun des agents ne souffrira que
des circonstances aggravantes qui lui sont personnelles, et de celles qui sont inhérentes au crime ou
au délit, lorsqu'il les a connues. L'application des circonstances atténuantes, la latitude laissée aux juges

entre le maximum et le minimum compléteraient ce système et permettraient de graduer d'une manière suffisante la pénalité, d'un côté, entre les auteurs et coauteurs, et, de l'autre, entre les complices.

CHAPITRE II.

REVUE DE QUELQUES LÉGISLATIONS ÉTRANGÈRES.

Parmi les législations étrangères, les unes ont admis le système de l'assimilation, d'autres celui de la distinction ; enfin il en est qui, se plaçant entre ces deux extrêmes, ont adopté ce que l'on pourrait appeler avec raison un système mixte. Nous allons, en faisant une revue sommaire de quelques-unes de ces législations, les classer d'après le système qu'elles auront mis en pratique.

§ Ier. *Système d'assimilation.*

Louisiane.— M. Livingston, dans le projet du Code pénal de la Louisiane de 1827, distingue trois catégories d'agents. Que les participants aient été ou non la cause immédiate du crime, qu'ils soient auteurs principaux ou complices, ils sont punis de la même peine ; quant aux agents postérieurs, comme les recéleurs, ils sont soumis à une peine beaucoup plus légère, et sont connus sous le nom de participants accessoires.

Etats-Unis, New-York. — Le système adopté est, à peu de chose près, le même que celui de la Louisiane.

Deux-Siciles. — Là encore règne le principe de l'assimilation de tous les participants entre eux. La complicité y est définie comme dans le droit français ; mais on fait, de plus, entrer dans la classe des complices ceux qui ont simplement donné mandat ou commission pour commettre l'infraction aux lois. Il faut remarquer qu cette législation n'a pas été jusqu'à faire support   aux complices la peine des circonstances aggravan s qu'il n'a pas connues.

§ II. *Système de la distinction.*

Brésil. — La peine du complice est inférieure à celle de l'auteur principal : les pe nes perpétuelles sont abaissées d'un degré ; les peines t mporaires et pécuniaires sont réduites au tiers.

Autriche. — La participation indirecte est moins punie que la participation directe ; mais, si l'Autriche s'est montrée plus sage que nous en ad ptant le système de la distinction, il est impossible de ne pas lui faire un reproche sérieux d'avoir établi, dans son art. 64, des peines contre la non-révélation.

Prusse.—Le Code de la Prusse, publié en 1843, est celui qui se rapproche le plus du système que nous avons exposé dans la partie théorique de cette thèse. Il distingue les auteurs et les complices ; les peines de ces derniers sont inférieures à celles des auteurs ; puis il punit d'une peine encore moins forte les *fauteurs* ou participants aux résultats du crime.

Belgique. — Le Code belge a admis la triple division des auteurs, coauteurs et complices.

Wurtemberg, Hanovre. — Le principe de la distinction y est appliqué; mais on a eu le tort de ne considérer comme complice que celui qui exécute la résolution d'autrui, et qui n'a pas eu la pensée première du crime.

§ III. *Système mixte.*

Angleterre. — L'Angleterre s'est tenue, en matière de complicité, entre les deux systèmes extrêmes que nous venons d'exposer. Elle a distingué les participants principaux qui exécutent le crime, et les participants accessoires qui ont aidé à l'exécuter; puis se rencontre une autre subdivision : participants au premier degré ou auteurs matériels du crime; participants au deuxième degré, qui, tout en exécutant le crime, n'ont joué qu'un rôle secondaire. Les participants principaux du premier et du second degré sont punis de la même peine, sauf que la peine de mort est commuée en celle de la déportation pour ceux du second degré. Les participants accessoires se divisent encore en deux degrés. Dans le premier sont compris les participants antérieurs; dans le second, les participants postérieurs. Seul, le participant accessoire du premier degré subit la peine du participant principal, avec abaissement dans certains cas. La peine est toujours inférieure pour le second degré. Au fond de cette théorie se trouvent le système de la distinction dans la division du participant principal et du participant accessoire; le système de l'assimilation dans l'application de la peine, qui est presque toujours la même pour le participant principal et pour le participant accessoire.

Cette revue des législations étrangères, quelque incomplète qu'elle soit, suffit pour montrer que presque tous nos voisins ont repoussé le système de l'assimilation; qu'ils sont entrés dans la voie plus équitable et plus logique de la distinction, et que, dans les pays mêmes où le principe de l'assimilation est écrit dans les lois, on ne l'a jamais poussé jusqu'aux conséquences extrêmes qui ont été appliquées en France. N'est-ce pas là, en dehors des raisonnements de la philosophie, une preuve éclatante de l'infériorité de notre système pénal en matière de complicité, et ne devons-nous pas trouver, dans les exemples qui nous sont donnés autour de nous, un encouragement puissant à introduire des réformes, contre lesquelles on objecterait en vain l'antiquité de la théorie de l'assimilation?

DROIT ROMAIN.

I. Le titre du Digeste relatif à la loi Aquilia ne traite pas de la complicité pénale.

II. Lorsque, par un *damnum injuria datum*, le débiteur a violé une obligation résultant d'un contrat, l'exercice de l'*actio rei persecutoria* n'exclut pas celui de l'action *legis Aquiliæ* pour ce que celle-ci contient de plus. (*Nec obstant leges* : loi 36, § 2, *de hereditatis petitione;* loi 18, *ad legem Aquiliam;* loi 47, § 1, 48, 49, 50, *pro socio;* loi 43, *locati;* loi 7, § 1, *commodati.*)

III. Dans l'hypothèse qui précède, l'*actio rei persecutoria* résultant du contrat et l'*actio legis Aquiliæ* s'excluent pour ce qu'elles ont de commun. (*Nec obstat* loi 41, § 1, *de oblig. et actionibus.*)

IV. Lorsqu'un seul et même fait indivisible contient la violation de plusieurs lois pénales, trois opinions s'étaient produites dans la jurisprudence : l'une prohibant le cumul d'une manière absolue (loi 53, *de oblig. et act.*); l'autre prohibant le cumul pour ce que les actions diverses ont de commun, mais l'admettant pour l'*amplius* (loi 34, *de oblig. et act.*); la troisième admettant le cumul intégralement (loi 6, *ad legem Jul. de adult.;* loi 60, *de oblig. et act.;* loi 130, *de regulis juris).* Cette dernière opinion avait triomphé (loi 32, *de oblig. et act.*); elle a été législativement consacrée par Justinien (§ 1, Instit. *si quadrupes; § 8, de oblig. ex delicto;* loi 20, Code *de furtis*).

V. La troisième des opinions qui précèdent était professée par Paul. (*Nec obstat* loi 2, § 1, *de tutela.*)

DROIT FRANÇAIS.

DROIT CIVIL.

I. Les servitudes continues et apparentes peuvent se prescrire par dix ou vingt ans.

II. La possession d'état prouve la filiation naturelle tant à l'égard du père qu'à l'égard de la mère.

III. Le défaut de transcription d'une donation ne peut pas être opposé par les héritiers du donateur.

IV. Le Français qui a perdu sa qualité de Français en entrant au service d'une puissance étrangère sans la permission du souverain est déchu du droit de succéder en France.

V. Un testament contenant une révocation, nul pour défaut de formes, ne peut pas valoir comme révoquant un testament antérieur.

VI. Le mari peut, en prenant le consentement de sa

femme, faire valablement les donations qui lui sont défendues par l'art. 1422.

CODE DE PROCÉDURE.

L'incompétence des tribunaux civils en matière commerciale est absolue.

DROIT PÉNAL.

I. Lorsqu'un époux est déclaré coauteur du meurtre commis sur son épouse, les autres coauteurs de ce meurtre conservent-ils le droit de revendiquer le bénéfice des articles 321 et 322, malgré l'inexcusabilité de l'époux? — Oui.

II. La solution doit être la même pour les coauteurs d'un parricide.

III. Le coauteur, comme le complice du suicide, doit rester impuni.

DROIT ADMINISTRATIF.

Les cours d'eau qui ne sont ni navigables ni flottables appartiennent aux riverains.

TABLE DES MATIÈRES.

Poitiers. — Typ. de A. Dupré.

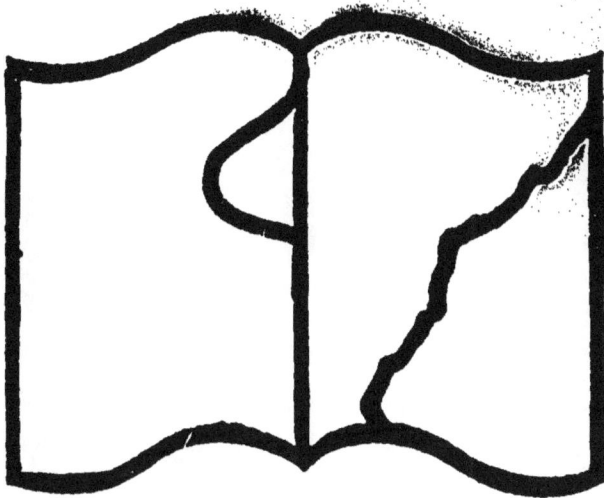

Texte détérioré — reliure défectueuse
NF Z 43-120-11